ここからはじめる

企業

Corporate Accounting

会計

岡田慎太郎・五十川　陽
大島　一輝・山浦　裕幸 ［著］

同文舘出版

はしがき

　本書は、はじめて会計を学ぶ大学生向けの入門書です。これから経済学や経営学を学ばれていく学生の皆さんが、企業における会計の役割や仕組みを理解していくために必要な内容を体系的にまとめました。社会人の方々の会計の学び直しにおいても利用できる内容だと考えています。

　本書の特色は3つあります。一つ目は全体を3部構成とし、それぞれ架空のケース企業を設定し各章の内容に沿ってストーリーを展開させました。ケース企業における活動や取り組みを示すことで、具体的なイメージをつかんでほしいと考えています。二つ目は、簿記に関する説明を充実させました。簿記には「取っ付きにくい」イメージもありますが、できる限りシンプルな記載としていますので、簿記の基本的な仕組みをしっかり理解してほしいと考えています。三つ目は、コーポレート・ガバナンス、サステナビリティ情報、税務など最近の会計トピックも取り込みました。

　ここで本書の構成について説明します。第1部は、会計の基本的な内容であり、第1章から第4章までとなります。第1章では、株式会社の仕組みと資金調達、会計の役割・機能と領域について説明します。第2章では、企業の財政状態と経営成績について、貸借対照表と損益計算書の構造とその関係を説明します。第3章と第4章は、簿記の仕組みとなります。第3章では、簿記の定義、仕訳、転記を説明し、第4章では、会社の設立から商品売買、精算表、財務諸表の作成と一連の流れを説明します。

　第2部は、企業会計に関するさまざまな論点であり、第5章から第10章までとなります。第5章では、財務諸表の構成や連結財務諸表、キャッシュ・フロー計算書、注記事項などについて説明します。第6章では会計制度を取り上げ、会計基準や監査、サステナビリティ情報などについて説明します。第7章と第8章では、財務諸表を利用する側の視点に立ち、さまざまな財務分析手法を取り上げます。第7章では、基本的な財務指標、自己資本比率について説明し、第8章では、自己資本利益率（ROE）とその分解に

ついて説明します。第9章は税務を取り上げ、財務会計と税務会計の違い、法人税、消費税について説明します。第10章ではコーポレート・ガバナンスを取り上げ、企業におけるガバナンス体制、内部統制システム、会計不正などについて説明します。

　第3部は、原価計算に関する内容であり、第11章から第13章までとなります。第11章では、財務諸表作成のための原価計算について、原価計算の意義や費目別計算、部門別計算、製品別計算を説明します。第12章と第13章では、経営管理のための原価計算となります。第12章では、CVP分析や原価分解について説明し、第13章では意思決定のための原価計算として、差額原価収益分析とその具体例について説明します。

　そして最後に第14章において、会計キャリアを取り上げ、会計に関する仕事と会計に関する資格について説明します。

　本書は、企業会計の入門書であり、記載されている内容は初歩的なものに限られています。一方、現実の社会では企業活動が複雑化するなか、会計の役割や範囲は拡大し、その重要性も増しています。本書を読まれた皆さんが会計に関心を持ち、専門的な分野に取り組んでいただけたら幸いです。

　最後になりましたが、本書の企画に賛同していただき、完成に向けてサポートいただいた同文舘出版の青柳裕之氏と有村知記氏に心よりお礼を申し上げます。

　2024年2月

岡田慎太郎

五十川　陽

大島　一輝

山浦　裕幸

目　次

第3章　簿記の仕組み①−複式簿記による記録−

第4章　簿記の仕組み②－貸借対照表と損益計算書を作成する－

第5章　財務諸表の種類－企業グループの状況を把握する－

第6章　会計に関連する制度とその動向
－国際化や社会問題への取組みと会計の関係－

第7章　財務比率分析①
－財務諸表分析の必要性と安全性、収益性の分析－

第 10 章　コーポレート・ガバナンスと内部統制システム
－健全な会社運営のための組織づくり－

第 11 章　原価計算－製品の原価はどのように計算するのか－

第 12 章　利益管理のための原価計算
－原価・営業量・利益の関係を理解する－

第 13 章　意思決定のための原価計算
－設備投資の経済性計算を中心に－

第14章　会計キャリア－会計に関する仕事と資格－

ここからはじめる
企業会計

第 1 章

会計の役割
－会計はなぜ必要なのか？－

―本章のねらい―

◇ 社会と企業の関係を理解する。

◇ 株式会社の仕組みと資金調達について理解する。

◇ 企業を取り巻く関係者について理解する。

◇ 会計の役割・機能と領域について理解する。

ケース 1

①イントロダクション

　学生時代からのコーヒー好きの親友である大山さん、岡川さんの 2 人は、コーヒー豆に関する社会問題をネットやニュース等で知り、自分たちにできることがないか考えてきました。SDGs への対応が求められる中、人権問題や環境対策等、コーヒーに対する社会の関心は高く、愛好家をターゲットとしたニッチなマーケットも注目されてきました。2 人は、環境や人権に配慮したコーヒー豆の輸入・販売を行う企業を立ち上げることにしました。

1 私たちが住む社会と企業

　現在の社会では、欲しいものはインターネットを通じて注文すると、数日のうちには家に届き、食べたいものはコンビニエンスストアに行けば 24 時間手に入る便利で豊かな世の中になりました。このような豊かで便利な生活は多くの企業の努力によって支えられています。例えば、インターネット販売サイトで飲料水を購入することを考えてみましょう。このサービスの提供には、インターネット販売サイトを運営する企業やそのサイトに出店する企業、飲料水を製造する企業やペットボトルを製造する企業、商品を保管する企業や配送する企業などが関わっています。これらの企業の業種や規模は異なり、所在地も日本とは限りません。現在の便利な社会は、さまざまな企業の活動が複雑に絡み合い成り立っているのです。

　企業が活動を行うためには資金が必要です。企業が事業に必要な資金を調達することを**財務活動**と呼びます。調達した資金は、事業に必要な建物や設備などの資産の購入に使われます。このような活動を**投資活動**と呼びます。そして、企業は投資した資産を活用して**営業活動**を行い、利益を上げます。さらに、そこから得た資金や利益を用いて次の投資を行います。企業はこのようなサイクルを通じて成長を続け、その結果として私たちの生活は豊かになっていくわけです（図表 1-1 参照）。

図表 1-1　企業の活動サイクル

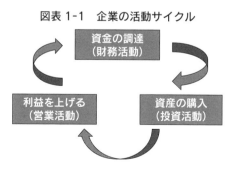

ただし、企業の目的は利益を上げることだけではありません。現代の社会では、環境問題、貧困や飢餓、長時間労働や差別など多くの課題があり、持続可能な社会の移行に向けて、企業の役割も求められています。私たちが暮らす安全で快適な社会を維持していくためには、企業における**社会的課題への取組み**も重視されているのです。

Column

企業の気候変動への取組み

　環境問題の中でも気候変動は、社会が一体となって直ちに取り組む重要な課題です。台風などによる甚大な災害の発生や農作物の不作、水不足などの気候変動は、私たちの生活だけでなく、企業活動にも大きな影響を与えています。一方で、企業活動が気候変動に与える影響も重要です。特に温室効果ガスの削減については、2015年のパリ協定での合意に基づき、企業における取組みも加速しています。

　このように、企業が持続的に事業活動を発展させていくためには、気候変動への対応は不可欠であり、経営戦略そのものになってきています。企業の気候変動への対応においては、会計の果たす役割も注目されています。この点については、第6章で取り上げます。

2　株式会社の仕組みと資金調達

（1）株式会社とは

　企業の形態にはいくつかの種類がありますが、多くの企業は株式会社の形態をとっています。株式会社は、事業を行うために資金を必要としている企業が資金を集めるための仕組みです。図表1-2を見てください。企業に資金を提供した人のことを**株主**と呼びます（①）。企業は、その資金を基に事業活動を行います（②）。企業は事業活動の結果、利益を獲得したら（③）、その利益の中から**配当金**を株主に支払います（④）。このような株式会社の仕組みにより、企業は事業に必要な資金を集め、株主はお金を増やすことができる機会を得ることができるようになるわけです。

図表 1-2　株式会社とは

（2）株式会社の仕組み

　では、具体的に株式会社の仕組みを見ていきましょう。株式会社では資金を調達する際に株式を発行します。その株式を取得した人が株主となります。株主は企業の実質的な所有者となり、**株主総会**に参加することができるようになります。株主総会では、取締役（業務執行に関する意思決定を行う役職）の選任等の株式会社の組織、運営、管理に関する重要な事項を決定します。万が一、事業がうまくいかず、企業が倒産してしまったとしても、株主は提供した資金の額（出資額）以上の責任を負うことはありません（これを有限責任と呼びます）。また、企業は株主より提供を受けた資金について返済する義務を負いません。

　発行された株式が証券市場において自由に売買できるようにすることを**上場**といい、証券市場において株式を売買している人々（個人や企業）のことを**投資家**と呼びます。株式を上場することで、企業は多額の資金調達を行うことが可能となります。ただし、株式を上場させるには、審査に通らなければならず、上場後も厳しい規制が課せられます。

　以上の通り、株式会社は株式を発行して企業の実質的な所有権を分けることにより、多数の出資者を募ることができるようになります。また、出資者の責任は出資額を上限とする有限責任であり、企業は出資された資金について返済する義務を負いません。このように、株式会社は企業が資金を確保するうえにおいて有利な仕組みであることから、現在の社会では、株式会社の形態が多く利用されているわけです。

（3）企業の資金調達

　株式会社において、株式を発行して調達した資金のことを**自己資本**と呼びます。自己資本には、企業が事業を行うことにより得た利益のうち、配当金に回さず手元に留保した資金（留保利益）も含まれます。

　企業では資金の調達が必要となった場合、株式の発行ではなく、銀行等の金融機関等から借り入れることも行われます。このとき、資金を貸し出した金融機関等のことを**債権者**と呼び、調達した資金のことを**他人資本**と呼びます。金融機関等から借り入れた資金は将来返済する義務があり、利息の支払いも必要です。企業が事業を進めるためには、資金の安定的な確保が必要であり、銀行等の金融機関からの資金の借り入れは、企業の事業活動の安定的な運営に大きな役割を果たしています。新型コロナウィルス拡大による経済活動の縮小や企業活動に制限が生じた際には、企業の資金繰りを維持するために銀行からの貸し出しは大きく増加しました。

　また、株式会社では株式の発行ではなく、**社債**を発行することにより資金を調達することもあります。社債は主に証券市場において年金基金などの機関投資家や個人投資家が購入します。社債は償還期間を過ぎれば購入者に額面金額を支払う義務があり、またそれまでの期間については、金融機関からの借り入れと同様に利息を支払います。社債により調達した資金も他人資本となり、社債を購入した投資家も債権者（金融機関等の債権者と分けて社債権者と呼ぶこともあります）となります。

　資金調達方法の違いについて、企業の側から見ると、自己資本による資金調達は返済義務がないのに対し、他人資本は返済義務がある点が大きな違いとなります（図表1-3参照）。企業では、資金調達に際しては、必要な金額や会社の財務状況、市場の状況等を勘案して調達手段を検討しています。

図表1-3　資金調達方法による違い

種類	資金調達方法	返済義務
自己資本	● 株式の発行	なし
他人資本	● 金融機関等からの借り入れ ● 社債の発行	あり

3 会計の役割・機能と領域

（1）企業を取り巻く関係者

　企業は事業を営むに当たり、資金を出資した株主、資金を貸し出した銀行や社債を購入した債権者等、多くの関係者が存在します。このような関係者は、企業の活動によって利益を得たり、損害を被ったりすることから、**利害関係者（ステークホルダー）**と呼ばれます。利害関係者には、これまで説明した株主や債権者のほかに、取引先、顧客、国・地方自治体や地域住民などが挙げられます（図表1-4参照）。利害関係者はそれぞれの立場において企業の状況に関心があります。具体的に見ていきましょう。株主や債権者は提供した資金の利用状況や利益の状況について関心があるでしょう。取引先は代金の回収や商品や製品の安定的な提供について関心があり、顧客は購入した商品・サービスなどのアフターサービスについて関心があるでしょう。国・地方自治体は企業が納める税金や地域における経済振興に関心があり、地域住民は騒音や汚染などの環境対策等に関心があるでしょう。

　また、利害関係者には企業内部の経営者や従業員も含まれます。経営者は事業運営に関する意思決定や管理を行うため、保有する財産の状況や利益の状況について関心があり、従業員は自身の処遇や給与・賞与の支払いについて関心があるでしょう。

　なお、**2**にて説明の通り、株式会社では企業の所有者は株主であることから、従来は、企業は株主のために経営されるべきという考え方が中心でし

図表 1-4　企業の利害関係者の例

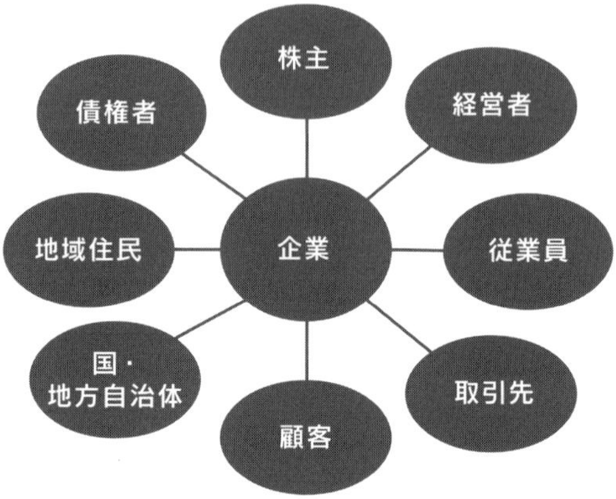

た。ただし、上記の通り、企業を取り巻く関係者は株主だけでなく、多くの利害関係者がおり、それぞれの立場で企業の活動に関心を持っています。企業の社会的責任が注目される中、最近では、企業は、株主だけでなく利害関係者全体を考えて経営されるべきとの考え方に変わってきています。

(2) 会計の役割

　上記の通り、利害関係者はそれぞれの立場において企業に関心があり、自分たちの利益を守り適切な判断を行うために、企業の情報を必要としています。**会計は、企業の事業を所定のルールに従って測定し、利害関係者に報告する仕組み**です（図表1-5参照）。企業が報告する情報のことを**会計情報**と呼びます。会計という仕組みがあることで、株主は安心して企業に資金を提供し、金融機関は資金を貸し出すことができるようになります。また、取引先は安心して仕入れや販売ができるようになり、顧客も安心して商品やサービスを購入することができるようになります。このように会計は事業の結果の伝達手段であることから、「事業の言語」と呼ばれています。

　なお、会計が必要となるのは営利を目的とする企業だけではありません。営利を目的としない自治体やNPO法人等も、それぞれの経済活動の結果を関係者に報告するために会計が必要となります。

図表 1-5　会計の役割

(3) 会計の機能

　企業を取り巻く関係者の利害は常に一致しているとは限りません。株主と債権者の関係を考えてみましょう。企業の実質的な所有者である株主は株主総会に参加することにより、配当金の支払いを含む企業の重要な意思決定に参加できますが、企業が倒産した場合でも **2** にて説明の通り、出資額以上の責任を負うことはありません。一方、債権者は株主総会には参加することができず、企業が倒産した場合には、元金がすべて返済されない可能性もあります。このような株主と債権者の間の潜在的な利害の対立を調整するために、配当制限の規定が法律（会社法）に設けられています。配当制限とは、企業が株主に分配できる金額を、企業が稼いだ利益に限定する規定であり、配当制限を行うためには経営者が作成する会計情報が必要となります。

　次に、株主と経営者の関係においても、利害関係は常に一致しているとは限りません。経営者は株主の利益を最大化するように行動しなければなりませんが、自身にとって都合のよいように事業を進めてしまうかもしれません。あるいは、企業の経営がうまくいっていなくても、利益が出ているようにごまかして報告するかもしれません。そこで、経営者が事業の結果について、会計というルールに基づき情報を作成し報告することで、経営者に対する株主の不信感を解消することが期待できます。このように会計は、企業の主な利害関係者である経営者、株主、債権者の間で生じる利害対立の調整に役立ちます。このような会計の機能を**利害調整機能**と呼びます。

　また、証券市場では不特定多数の投資家が株式や社債を売買しています。投資家は、その企業が持つ財産や利益の状況などから、市場における株式や

社債の価格が妥当なものかどうか判断します。会計は、このような投資家の投資判断に必要な情報を提供し、投資家を保護することにより、証券市場の円滑な運営に役立ちます。このような会計の機能を**情報提供機能**と呼びます。

(**Column**) •

会計の語源

会計は英語で「Accounting」（アカウンティング）といい、その語源は Account for ～といわれています。Account for ～を辞書で引くと「説明する」という意味がでてきます。企業は株主や債権者などの利害関係者（ステークホルダー）に対して事業の状況を説明することが求められます。まさにその説明において重要な役割を担うのが会計ということですね。最近、「Accountability」（アカウンタビリティ）という言葉をニュースなどで聞かれることも多いと思います。アカウンタビリティは、日本語では「説明責任」という意味になります。このように見ていくと、会計の本質は「伝えること」だということがわかると思います。

（4）会計の領域

会計の領域は、大きく営利を目的とした企業が行う会計（**企業会計**）と自治体や学校等の非営利組織が行う会計（**非営利会計**）に分けられます。NPO法人が行う会計も非営利会計です。また、企業会計は、会計情報を利用する利害関係者が企業の外部にいるか内部にいるかにより、**財務会計**と**管理会計**に分けられます（図表1-6参照）。

財務会計は、株主や債権者などの企業外部の利害関係者のために、事業活動の結果を測定し報告する会計となります。管理会計は、企業内部の主に経営者や管理者が意思決定や業績管理を行うために必要な会計となります。製造業において重要な原価管理も管理会計が中心となります。

本書では、企業会計について取り上げます。第2章から第11章が主に財務会計、第12章および第13章が主に管理会計の領域となります。

図表 1-6　会計の領域

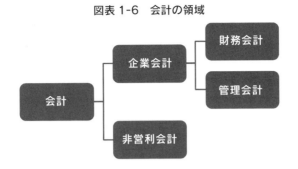

4 （ケース1）千葉珈琲ファーム株式会社の設立

　大山さん、岡川さんの2人は4月1日に千葉珈琲ファーム株式会社を設立しました。設立に当たり、まず事業内容を固めました。そして次に、事業に必要な資金の調達を行いました。

（1）事業内容

　千葉珈琲ファーム株式会社は、環境や人権に配慮されたコーヒー豆の輸入・販売を行う会社です。具体的な事業内容は以下の通りとしました。

- ・輸入するコーヒー豆は、環境や生産者の人権等に配慮がなされたものに限り、現地生産者の生活・収入を考慮した金額で直接買い付けを行う。
- ・輸入したコーヒー豆は、自分たちで焙煎を行い、焙煎には、CO_2 の排出を抑えた機器を使用する。
- ・コーヒー豆の販売はネット販売を中心とする。一部、事務所店頭での直接販売も行う。

　コーヒー豆の価格は市販のものに比較して多少高く設定しました。社会問題への意識の高い愛好家をターゲットにネット販売を行い、販売コストを下げることで、3年後に黒字となる計画を策定しました。

(2) 資金の調達

　企業の形態は株式会社とし、2人は共同経営者になりました。設立に際し、4月1日に2人それぞれ100万円の出資を行いました。また、実家にもお願いをして、それぞれの実家から4月1日に50万円ずつ出資をしてもらいました。千葉珈琲ファーム株式会社の株主は計4名となります。

　また、当面の事業運営に必要な資金として、銀行から借り入れを行うことにしました。銀行と交渉の結果、4月3日に200万円の借り入れを行いました。借り入れを行った銀行には当座預金口座も開設しました。会社設立時の資金調達の結果は以下の通りとなります。

種類	金額
出資金（自己資本）	3,000,000 円
銀行からの借り入れ（他人資本）	2,000,000 円
合計	5,000,000 円

(3) 利害関係者と会計

　このようにして、2人は千葉珈琲ファーム株式会社を立ち上げ、事業をスタートさせる準備が整いました。ここで、現段階における千葉珈琲ファーム株式会社の利害関係者を整理してみましょう。出資をした実家を含めた株主、資金を借り入れた銀行（債権者）が利害関係者になります。また、今後コーヒー豆を輸入する生産農家や焙煎機器のメーカー（取引先）も利害関係者となるでしょう。事務所兼作業場が所在する自治体や近所の住民も利害関係者になるでしょう。また、経営者である大山さん、岡川さんも利害関係者となります。

　資金を借り入れた銀行からは、今後、企業の経営状況がわかる決算書を提出するように求められました。出資をした実家からも、経営状況について定期的に報告することが求められています。企業の経営状況を利害関係者に報告するためには、会計のことがわからなければなりません。2人は会計について勉強を始めました。

確認問題

【問題1】

企業の資金調達に関し、自己資本と他人資本の内容と違いについて説明しなさい。

【問題2】

企業の利害関係者が、それぞれどのような視点で企業の会計情報を利用しているの
か、説明しなさい。

【問題3】

会計が持つ2つの機能について説明しなさい。

〈参考文献〉

伊藤邦雄（2020）『新・現代会計入門（第4版）』日本経済新聞出版社

齋藤静樹（2021）『企業会計入門（補訂版第4版）』有斐閣

桜井久勝（2022）『財務会計講義（第23版）』中央経済社

第2章

財政状態と経営成績
－会社はもうかっているのか？－

―本章のねらい―

◇ 財務諸表の目的と会計期間について理解する。

◇ 貸借対照表と損益計算書の構造と内容について理解する。

◇ 貸借対照表を用いた当期純利益の計算と損益計算書を用いた当期純
　利益の計算を理解する。

◇ 貸借対照表と損益計算書の関係を理解する。

ケース 1

②会社の経営状況をどのように把握するか？

　千葉珈琲ファーム株式会社を設立した大山さん、岡川さんの 2 人は、事業をスタートさせることができました。経営者である 2 人は今後、会社の経営状況を把握する必要があります。また、出資してくれた株主や資金を借りた銀行に対しても、経営状況を説明していかなければなりません。調べてみたところ、会社の経営状況を把握するためには、会社の財産の状態と利益の状況を知る必要があり、貸借対照表と損益計算書という報告書を作成する必要があることがわかりました。

1 財務諸表

（1）財務諸表の目的

　企業の利害関係者は、それぞれの立場において企業に関心を持ち、情報を必要としています。このような要求に対して企業が経営状況を説明するために作成する報告書が**財務諸表**です。一般的には決算書とも呼ばれています。財務諸表のうち、最も重要なものが**貸借対照表**と**損益計算書**になり、それぞれの目的は図表 2-1 の通りです。

図表 2-1　貸借対照表と損益計算書の目的

貸借対照表 ▶	企業のある一定時点の財産の状態（財政状態）
損益計算書 ▶	企業のある一定期間における利益の状況（経営成績）

　本章では、貸借対照表と損益計算書について、その構造と内容を確認し、貸借対照表と損益計算書の関係について説明します。

（2）会計期間

　企業が財務諸表を作成する場合、会社の活動を通常 1 年間に区切ります。この期間のことを**会計期間**と呼びます。会計期間の始まりを**期首**、終わりを**期末**、その間のことを**期中**といいます。また、現在活動を行っている会計期間を**当期**といい、当期の前の会計期間を**前期**、当期の後の会計期間を**次期**または**翌期**といいます（図表 2-2 参照）。

　企業は、会計期間の終わり（期末）において、財務諸表を作成し報告することが法令等により求められています。また、上場企業などは、1 年ごとの報告だけではなく、四半期（3 か月）または半期（6 か月）での報告も必要となります。

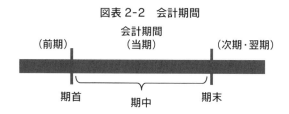

図表 2-2　会計期間

2 貸借対照表

(1) 貸借対照表の構造

　貸借対照表（Balance Sheet : B/S）は、企業のある一定時点における財政状態を示す報告書です。貸借対照表の右側には、企業が資金をどのような先から調達しているのか（資金の調達源泉）が示されます。具体的には、金融機関等からの借入金や社債などが**負債**として計上され、株主からの出資金などが**純資産**として計上されます。貸借対照表の左側は、調達された資金をどのように使用したのか（資金の投資形態）が示されます（図表 2-3 参照）。具体的には、建物、土地、商品、生産設備などが**資産**として計上されます。貸借対照表の左右の合計金額は必ず一致します。

図表 2-3　貸借対照表の構造

　貸借対照表における資産、負債、純資産の関係は、以下 2 つの算式で示すことができます。

$$貸借対照表等式：\quad 資産 = 負債 + 純資産$$

$$純資産等式：\quad 資産 - 負債 = 純資産$$

貸借対照表等式は、資金の調達源泉と投資形態の関係性から見た等式であり、資産が負債と純資産の合計額となることを示しています。貸借対照表等式の右辺の負債を左辺に動かすと、純資産等式となります。純資産等式は、資産と負債の関係性から見た等式であり、資産と負債の差額から純資産が計算されることを示しています。

(2) 貸借対照表の内容

貸借対照表の内容について詳しく見ていきましょう。資産とは、企業が事業のために保有する財貨や債権などの権利をいい、**プラスの財産**とも呼ばれます。具体例としては次のようなものが挙げられます。

名称	内容
現金	硬貨や紙幣など
売掛金	商品などを掛けで販売したときに後で受け取る代金
貸付金	他人に金銭を貸し付けたときに後で返済してもらう権利
有価証券	株式、国債、地方債など
建物	店舗や倉庫、事務所などの建築物
備品	机や椅子、商品の陳列棚、パソコンなど

次に負債とは、将来において返済しなければならない債務や義務をいい、**マイナスの財産**と呼ばれます。具体例としては次のようなものが挙げられます。

名称	内容
借入金	他人から金銭を借り入れたときに後で返済する義務
買掛金	商品などを掛けで仕入れたときに後で支払う代金
社債	社債券を発行して資金調達を行ったことから生じる債務

最後に純資産とは、資産から負債を差し引いた額をいい、**正味の財産**と呼ばれます。具体例としては、次のようなものが挙げられます。

名称	内容
資本金	株主から出資を受けた金額
利益剰余金	獲得した利益の留保額

　資産と負債の貸借対照表における表示方法について、もう少し詳しく見て行きましょう。資産については、投資された資金がどのくらいの早さで現金化されるか（現金を回収することができるか）により**流動資産**と**固定資産**に区分して表示します。負債についても同様に、調達した資金をどのくらいの期間で返済しなければならないか（現金を支払わなければならないか）により、**流動負債**と**固定負債**に区分して表示します。このように資産や負債を現金の回収や支払のスピードで区分して貸借対照表に表示することにより、財務諸表の利用者は、企業の支払能力の判断に役立てることができます。

設例 2-1 次の資料に基づいて、資産合計額、負債合計額を求め、純資産の金額を計算しなさい。

　現　　金 300,000 円　売掛金　70,000 円　建　物 250,000 円
　備　　品 120,000 円　借入金 400,000 円　買掛金　90,000 円

解答

資産合計額(740,000 円) ＝ 現金(300,000 円) ＋ 売掛金（70,000 円）
　　　　　　　　　　　　　＋ 建物(250,000 円) ＋ 備品(120,000 円)
負債合計額(490,000 円) ＝ 借入金(400,000 円) ＋ 買掛金(90,000 円)
純資産等式により、純資産の金額が計算されます。
資産合計額(740,000 円) － 負債合計額(490,000 円) ＝ 純資産の金額(250,000 円)

営業循環基準と1年基準

　流動資産と固定資産、流動負債と固定負債の分類に際しては、現金の回収や支払までの期間に基づき判断する必要がありますが、その基準として営業循環基準と1年基準があります。

　営業循環基準では、正常な営業循環過程（現金⇒商品⇒売掛金⇒現金）の中にある資産は流動資産とし、これに見合う負債を流動負債とします。1年基準では、貸借対照表作成日の翌日から起算して1年以内に回収または支払期限の到来するもの、または収益・費用となるものを流動資産・流動負債とします。日本の会計基準では、営業循環基準を原則とし、営業循環基準で判断できない場合には1年基準を適用することとされています。

3 損益計算書

（1）損益計算書の構造

　損益計算書（Profit and Loss Statement : P/L）は、企業のある一定期間における経営成績を示す報告書です。損益計算書の右側は、事業によって得た成果である売上などの**収益**が計上されます。損益計算書の左側は、その成果を得るために費やされた売上原価などの**費用**が計上されます。そして、収益と費用の差額が左側に**当期純利益**として計上されます（費用が収益より多い場合には、費用と収益の差額が右側に**当期純損失**として計上されます）（図表2-4参照）。このように当期純利益（または当期純損失）が計上されることにより、損益計算書の左右の合計金額は必ず一致することになります。

図表 2-4　損益計算書の構造

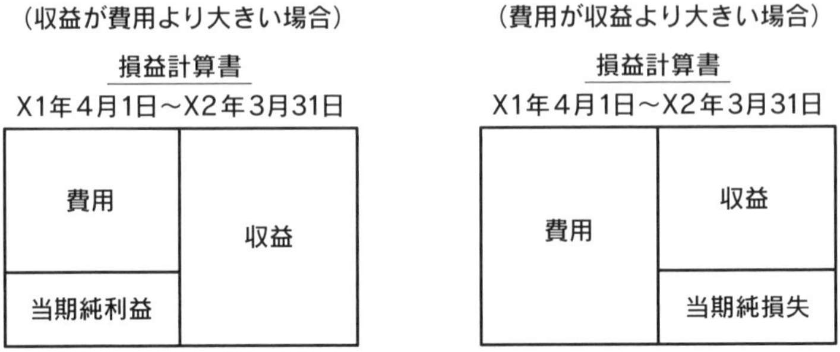

（収益が費用より大きい場合）　　　　　（費用が収益より大きい場合）

損益計算書　　　　　　　　　　　損益計算書
X1年4月1日〜X2年3月31日　　　　　X1年4月1日〜X2年3月31日

費用	収益
当期純利益	

費用	収益
	当期純損失

　損益計算書における収益、費用、当期純利益（または当期純損失）の関係は、以下の算式で示すことができます。

当期純利益（または当期純損失）＝ 収益 − 費用

　上記の算式の費用を右辺から左辺に動かすと、損益計算書における左側と右側の関係を示した等式となり、この等式のことを損益計算書等式といいます。

損益計算書等式：　費用 ＋ 当期純利益 ＝ 収益
（または、費用 ＝ 収益 ＋ 当期純損失）

（2）損益計算書の内容

　損益計算書の内容を詳しく見ていきましょう。収益とは、企業が行う事業の結果、獲得された売上などの収入のことで、純資産を増やす原因となるものをいいます。具体例としては、次のようなものが挙げられます。

名称	内容
売上	商品を売り上げたことによって得た収入
受取手数料	取引の仲介等を行って受け取った手数料
受取利息	預金や貸付金などから受け取った利息

　費用とは、企業が収益を得るために費やしたり支払ったりしたもので、純

資産が減少する原因となるものをいいます。具体例としては、以下のようなものが挙げられます。

名称	内容
仕入	商品を仕入れたときの原価
給料	従業員に支払った給与
支払家賃	建物を借りているときに支払った賃借料
水道光熱費	電気、ガス、水道代など
支払利息	借入金などに対して支払った利息

設例 2-2　次の資料に基づいて、収益合計額、費用合計額を求め、当期純利益（または当期純損失）の金額を計算しなさい。

売　上 900,000 円　受取手数料 80,000 円　受取利息 30,000 円　仕　入 450,000 円
給　料 300,000 円　支払家賃　180,000 円　支払利息 40,000 円

解答

収益合計額（1,010,000 円）＝売上（900,000 円）＋受取手数料（80,000 円）
　　　　　　　　　　　　　＋受取利息（30,000 円）
費用合計額（970,000 円）＝仕入（450,000 円）＋給料（300,000 円）
　　　　　　　　　　　　　＋支払家賃（180,000 円）＋支払利息（40,000 円）
収益が費用より大きいため、当期純利益が収益と費用の差額から計算されます。
収益合計額（1,010,000 円）－費用合計額（970,000 円）＝当期純利益（40,000 円）

4 貸借対照表と損益計算書の関係

（1）当期純利益の算出

　貸借対照表は、企業のある一時点における財政状態を示したものです。会計期間において、期首時点で作成されたものを期首貸借対照表、期末時点で作成されたものを期末貸借対照表と呼びます。ここで、期末貸借対照表にお

ける純資産（期末純資産）と期首貸借対照表における純資産（期首純資産）の金額の比較を行います。期末純資産の方が期首純資産より大きい場合、その増加額は会計期間において事業を行った結果、利益を獲得したことを示しています。すなわち、その増加額は当期純利益となります（ケース1参照）。

（ケース1）

	期首			期末		当期純利益
資産	負債	純資産	資産	負債	純資産	
900	700	200	1,200	700	500	300

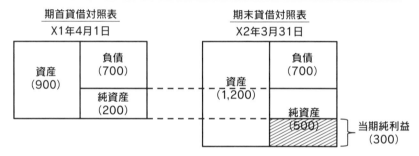

　反対に、期末純資産の金額が期首純資産の金額より少ない場合、その減少額は会計期間において事業を行った結果、損失が発生したことを示しています。すなわち、その減少額は当期純損失となります（ケース2参照）。

（ケース2）

	期首			期末		当期純損失
資産	負債	純資産	資産	負債	純資産	
900	700	200	800	700	100	100

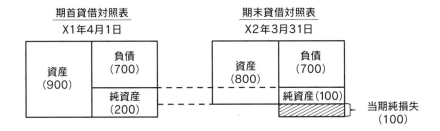

上記の説明を計算式で表すと、次の通りとなります。

期末純資産 － 期首純資産 ＝ 当期純利益（または当期純損失）

　このように、貸借対照表における期首と期末の2時点間の純資産の金額を比較して当期純損益を計算する方法を**財産法**といいます。

　また、本章**3**にて説明の通り、損益計算書では会計期間に獲得した収益から発生した費用を差し引くことにより、当期純利益（または当期純損失）が計算されます。

収益 － 費用 ＝ 当期純利益（または当期純損失）

　このように、損益計算書における収益と費用の金額を比較して当期純損益を計算する方法を**損益法**といいます。

（2）貸借対照表と損益計算書の関係

　当期純利益の計算には①財産法と②損益法の2つの方法があることを説明しました。この2つの方法の意味するところについて、もう少し考えてみましょう。
　①財産法は、当期純利益は貸借対照表上の純資産（ストック）の比較によって計算されます。つまり、企業が持つ財産の事実を根拠として当期純利益が計算されます。これに対して、②損益法は、損益計算書の収益と費用（フロー）の比較により計算されます。つまり、財産が増減する原因を根拠

として当期純利益が計算されます。このように企業の活動の結果得られた当期純利益は、ストックとフローの両面から計算されるわけです。そして、①財産法と②損益法の計算結果は、必ず一致します（ケース３参照）。

（ケース３）

（貸借対照表）

期首			期末			当期純利益
資産	負債	純資産	資産	負債	純資産	
900	700	200	1,200	700	500	300

（損益計算書）

収益	費用	当期純利益
600	300	300

このように貸借対照表と損益計算書は、当期純利益の計算を介して、密接な関係にあることがわかります。

5 千葉珈琲ファーム株式会社の貸借対照表と損益計算書

　千葉珈琲ファーム株式会社の事業開始後１か月間の活動は以下の通りでした。大山さん、岡川さんの２人は貸借対照表と損益計算書を作成してみることにしました。この場合、期首は４月１日、期末は４月30日となります。

4/1	株主から現金 3,000,000 円の出資を受け、会社を設立した。
4/3	銀行より現金 2,000,000 円を借り入れた。
4/10	営業用店舗として建物 1,200,000 円を、現金で購入した。
4/12	コーヒー農場と交渉するために飛行機代 ¥100,000 を現金で支払った。
4/13	コーヒー豆 ¥108,000 を仕入れ、代金を現金で支払った。
4/17	水道光熱費 ¥25,000 を現金で支払った。
4/21	得意先にコーヒー豆 ¥320,000 を売り上げ、代金を現金で受け取った。

（1）貸借対照表の作成

　まず、4月1日時点（期首時点）での貸借対照表を作成しましょう。千葉珈琲ファーム株式会社は、株主から現金 3,000,000 円を受領しました。現金は資産に計上され、出資金は資本金として純資産に計上されます。したがって、貸借対照表の左側に現金 3,000,000 円、右側に資本金 3,000,000 円が計上されます。4月1日時点での千葉珈琲ファーム株式会社の貸借対照表は次のようになります。

貸 借 対 照 表

千葉珈琲ファーム株式会社　　X年4月1日　　　　　　（単位：円）

資　　産	金　額	負債・純資産	金　額
現　　　　　　金	3,000,000	資　　本　　金	3,000,000
	3,000,000		3,000,000

　次に、4月30日時点（期末時点）での貸借対照表を作成しましょう。まず、千葉珈琲ファーム株式会社での1か月間の現金の動きをまとめると次の通りとなります。

現金の受け取り	現金の支払い
資本金：3,000,000 円 借入金：2,000,000 円 売上（コーヒー豆）：320,000 円	建物：1,200,000 円 旅費（飛行機代）：100,000 円 仕入（コーヒー豆）：108,000 円 光熱費：25,000 円
合計：5,320,000 円	合計：1,433,000 円

　千葉珈琲ファーム株式会社では、1 か月間に合計 5,320,000 円の現金を受け取り、1,433,000 円の現金を支払いましたので、4 月 30 日時点での現金残高は、3,887,000 円となります。また、購入した建物 1,200,000 円も資産に計上されます。したがって、資産の合計金額は 5,087,000 円になります。負債については、銀行からの借入金 2,000,000 円が計上されます。そして、純資産等式に基づき、資産と負債の差額 3,087,000 円が純資産として計算されます。ここで財産法を思い出してください。期末純資産と期首純資産の差額が当期純利益でしたね。期首の純資産は 3,000,000 円でしたので、以下の通り当期純利益が計算されます。

期末純資産（3,087,000）－ 期首純資産（3,000,000）＝ 当期純利益（87,000）

　4 月 30 日時点での千葉珈琲ファーム株式会社の貸借対照表は次のようになります。

貸 借 対 照 表

千葉珈琲ファーム株式会社　　X 年 4 月 30 日　　　　　　（単位：円）

資　　産	金　額	負債・純資産	金　額
現　　　　　金	3,887,000	借　　入　　金	2,000,000
建　　　　　物	1,200,000	資　　本　　金	3,000,000
		当 期 純 利 益	87,000
	5,087,000		5,087,000

（2）損益計算書の作成

　千葉珈琲ファーム株式会社での 4 月 1 日から 4 月 30 日までの 1 か月間の事業結果をまとめてみましょう。千葉珈琲ファーム株式会社では、売上

320,000円を獲得しました。そして、この売上を得るために、コーヒー豆の仕入108,000円、旅費交通費（飛行機代）100,000円、水道光熱費（25,000円）の合計233,000円の費用が発生しました。売上は収益となりますので損益計算書の右側に、費用は損益計算書の左側に計上します。ここで損益法を思い出してください。収益から費用を差し引いた金額が当期純利益でしたので、以下の通り当期純利益が計算されます。

収益（320,000）－ 費用（233,000）＝ 当期純利益（87,000）

4月1日から4月30日までの1か月間の千葉珈琲ファーム株式会社の損益計算書は以下のようになります。

損 益 計 算 書

千葉珈琲ファーム株式会社　　X年4月1日～X年4月30日　　　　（単位：円）

費　用	金　額	収　益	金　額
仕　　　　　　入	108,000	売　　　　　　上	320,000
旅　費　光　熱　費	100,000		
水　道　光　熱　費	25,000		
当　期　純　利　益	87,000		
	320,000		320,000

　貸借対照表における当期純利益と損益計算書における当期純利益は一致していることが確認できますね。

　このようにして、大山さんと岡川さんの2人は、千葉珈琲ファーム株式会社の事業開始後1か月間の活動について貸借対照表と損益計算書を作成することができました。しかし、実際には複式簿記という方法により会計帳簿を作成し、貸借対照表と損益計算書を作成する必要があることがわかりました。2人は複式簿記の勉強を始めました。

【問題 1】

以下の表の空欄に当てはまる金額を求めなさい。なお、△は純損失を意味する。

No	期　首			期　末			収　益	費　用	純損益
	資産	負債	純資産	資産	負債	純資産			
1	115,000	①	35,000	②	90,000	③	120,000	95,500	④
2	⑤	23,500	⑥	55,000	⑦	25,000	45,000	⑧	△ 500

【問題 2】

資産、負債、純資産の内容について説明しなさい。

【問題 3】

当期純利益の計算方法である財産法と損益法についてそれぞれ説明し、両者の関係について説明しなさい。

〈参考文献〉

伊藤邦雄（2020）『新・現代会計入門（第 4 版）』日本経済新聞出版社

齋藤静樹（2021）『企業会計入門（補訂版第 4 版）』有斐閣

桜井久勝（2022）『財務会計講義（第 23 版)』中央経済社

第 3 章

簿記の仕組み①
－複式簿記による記録－

―本章のねらい―

◇ 企業の取引を記録する簿記の目的について理解する。

◇ 複式簿記の仕組みを理解し、取引を仕訳できるようになる。

◇ 仕訳帳と総勘定元帳の構造と帳簿組織を理解する。

ケース1

③会計帳簿の作成方法を知ろう！

　大山さんと岡川さんは、コーヒー豆の輸入・販売を行う企業として千葉珈琲ファーム株式会社を設立し、実際にコーヒー豆の輸入・販売を始めました。取引先や顧客も少しずつ増えており、順調なスタートを切っています。しかし、大山さんはふと疑問に感じました。たしかに当社は順調にいっているように見えるが、いま当社にはいくらの財産や借金があって、どれくらい儲かっているかわかりません。これでは、本当にうまくいっているか確証が得られません。

　この状況についてスタートアップ支援機関に相談したところ、会計帳簿の作成を勧められました。また、税理士から株式会社は税金の支払いのために、会計帳簿を作成した方がよいとアドバイスを受けました。そこで、2人は会計帳簿を作成しようとしましたが、その作成方法がわかりませんでした。調べてみると複式簿記という手法を使って記録することがわかりました。複式簿記とはいったいどのような記録方法なのでしょうか。

1 簿記の定義

（1）簿記の必要性

　企業は利益の獲得を主な目的として活動を行っています。商品を販売する企業で考えてみましょう。まずは株主や銀行から資金を調達します。その資金を使って商品を購入し、顧客や取引先に販売します。また、従業員に給料を支払ったり、店舗の家賃や電気代なども支払います。企業の成果である利益は収益から商品の購入代金や給料などの費用を差し引くことで計算できます。

　企業はこのような活動を日々繰り返しています。取引が少なければ覚えておくことができますが、企業は日々多くの取引を行っていますので、すべてを記憶しておくことはできません。さらに、経営者にとって経営を合理的に行うためには、どのような取引が行われ、現在の状況はどうなっているのか把握しておくことが必要です。そのために、日々の記録を行うことが重要となります。

　このような企業の経済活動を記録する方法を**簿記**といいます。簿記とは、物品の購入や売却、金銭の貸借など企業が行う取引を識別し、貨幣額で測定計算し、その結果を継続的に帳簿に記入する記録方法をいいます。簿記は帳簿記録や帳簿記入を略したものです。簿記は英語で Bookkeeping といい、この英語の発音や意味から作られた造語ともいわれています。

（2）簿記の目的

　簿記には次の2つの目的があります。
　①企業の財産管理を行うこと
　②企業の財政状態や経営成績について明らかにし、株主や経営者などに報告すること

　企業活動は簿記により記録されますが、ただ記録するだけでは意味がありません。簿記では企業の保有する現金や商品、借入金などの財産管理を行う

ために、その増減や残高を記録しています。さらに、企業の経済活動の結果どれだけ儲かったのかを明らかにするために記録を行っています。

　また、簿記は企業の**財政状態**や**経営成績**を株主や経営者に対して報告するため、体系的に企業活動を記録しています。財政状態とはある時点における企業の財産の状況をいい、経営成績とは一定期間における収益と費用の状況を意味しています。これらを明らかにし、株主や経営者に対して報告するために記録を行っているわけです。財政状態は貸借対照表で示され、経営成績は損益計算書で明らかにされます。この2つをまとめて財務諸表といいます。

（3）簿記の種類

　簿記は記録対象により**単式簿記**と**複式簿記**に分類できます。単式簿記は商品や現金など財産の一部を記録対象としており、利益は計算できません。家計簿やお小遣い帳を思い出してみてください。あれはまさに現金の増減のみを記録していました。家計簿やお小遣い帳は単式簿記で記録されていたわけです。一方、複式簿記は取引によって生じる財産の変動や損益を二面的に捉えて記録を行う方法です。複式簿記はすべての取引を対象とし、利益を計算することができるため、単式簿記よりも体系的に記録することができます。

　また簿記には商品売買業やサービス業を対象とした商業簿記や、製造業を対象とした工業簿記があります。さらに、銀行を対象とする銀行簿記や、農業や畜産業を対象とした農業簿記などもあります。

2　取引と仕訳の仕組み

（1）簿記上の取引

　企業は商品の売買やそれに伴う貨幣の受け渡しを行います。これを取引といいます。しかし、簿記では、すべての取引を記録するわけではありません。簿記が対象とする取引を**簿記上の取引**といいます。簿記上の取引は資産・負債・純資産・収益・費用を変動させる取引をいいます。この5つの要

素を**簿記の5要素**といいます。

　簿記上の取引と一般的な取引では内容が異なります。商品売買取引はどちらの取引にも該当します。商品の注文や契約を締結する取引は一般的な取引に該当しますが、資産が増減したり、収益が発生したりするわけではないため、簿記上の取引に該当しません。従業員を雇ったときも同じです。しかし、商品の盗難や災害により建物が焼失した場合には一般的な取引に該当しませんが、資産が減少するため簿記上の取引に該当します。これを示すと図表3-1の通りです。

図表 3-1　簿記上の取引

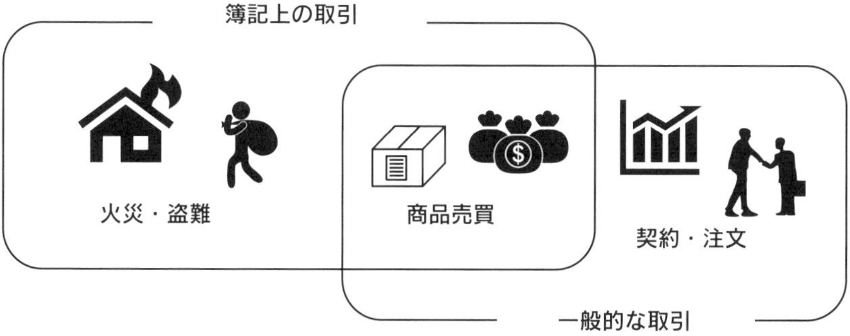

(2) 勘定

　取引が生じると、簿記の5要素ごとに分類され、記録されます。簿記の5要素の増加・減少を記録する場所を**勘定**といいます。そして、勘定につけられた名前を**勘定科目**といいます。図表3-2の勘定を現金勘定といい、現金が勘定科目となります。勘定はT字をしていて、左側を**借方**(かりかた)といい、右側を**貸方**(かしかた)といいます。

図表 3-2　勘定

現　　金

(借 方)	(貸 方)

（3）取引の分解

　各勘定にどのように記入するかは一定のルールがあります。これは貸借対照表と損益計算書の構造により決定されます。思い出してみましょう（図表3-3）。

図表3-3　貸借対照表と損益計算書

（借方）	貸借対照表	（貸方）
資　　産	負　　債	
	純　資　産	

（借方）	損益計算書	（貸方）
費　　用	収　　益	
当期純利益		

　資産は貸借対照表の左側に表示されます。そのため、資産が増加した場合には借方に記入します。負債や純資産は貸借対照表の右側に表示されるため、負債や純資産の増加は貸方に記入します。資産や負債、純資産の減少は、増加とは反対側に記入して表します。そのため、資産の減少は貸方に、負債と純資産の減少は借方に記入します。簿記では減少をマイナスとして記録せずに、借方と貸方に書き分けることで増加・減少を表現しています。

　損益計算書は右側に収益を、左側に費用を表示します。収益が発生した場合には貸方に記入し、費用が発生した場合には借方に記入します。収益や費用は増加・減少ではなく、発生・消滅と表します。また、収益や費用が消滅した場合には、貸借対照表と同様に、発生と反対側に記入します。まとめると図表3-4の通りです。

図表3-4　簿記の記入ルール

5　要　素	借　　方	貸　　方
資　　産	増　　加	減　　少
負　　債	減　　少	増　　加
純　資　産	減　　少	増　　加
収　　益	消　　滅	発　　生
費　　用	発　　生	消　　滅

（4）仕訳

　簿記では一定のルールに従って記録を行います。取引が発生した場合には、借方の要素と貸方の要素に分解し、それぞれの勘定科目と金額を記入することで記録していきます。この記録形式を**仕訳**といいます。仕訳は取引発生順に行われ、借方の合計金額と貸方の合計金額は必ず一致する点に特徴があります。

　複式簿記は取引を二面的に捉えます。そのため、取引の発生原因とその結果を把握することが重要です。例えば、顧客に対して商品を 1,000 円で販売したとします。この取引は顧客に商品を販売した結果、現金が 1,000 円増加したと考えることができます。この原因と結果を図表 3-4 で示したルールに則り記録したものが仕訳になります（図表 3-5）。仕訳を行うためにはまずは取引の中からなにが（勘定科目）、いくら（金額）、どうなったか（増減または発生）を把握することがポイントとなります。

図表 3-5　仕訳

日付	借　　　方		貸　　　方	
	勘 定 科 目	金　　　額	勘 定 w 科 目	金　　　額

設例 3-1　商品売買業を営むノーチェ食品株式会社の 4 月 1 日から 4 月 15 日までの取引を仕訳しなさい。

4/1	株主から現金 1,000,000 円の出資を受けて、ノーチェ食品株式会社を設立し、営業を開始した。
4/3	営業用店舗として建物を 350,000 円で購入し、代金は現金で支払った。
4/8	銀行より 250,000 円を借り入れ、現金で受け取った。
4/15	従業員に対して 200,000 円の給料を現金で支払った。

解答・解説

4月1日から4月15日の仕訳を示すと、次の通りです。

	借　　　方		貸　　　方	
4/1	現　　金	1,000,000	資　本　金	1,000,000
4/3	建　　物	350,000	現　　金	350,000
4/8	現　　金	250,000	借　入　金	250,000
4/15	給　　料	200,000	現　　金	200,000

まず4月1日の取引を考えてみましょう。この取引では現金が1,000,000円増加しました。これを記録するだけでは、家計簿と変わりません。なぜ現金が1,000,000円増加したのでしょうか。それは、株主から1,000,000円の出資があったからでした。株主からの出資は資本金という純資産の勘定科目で記録されます。つまり、今回の取引では、現金が1,000,000円増加するとともに、資本金が1,000,000円増加したわけです。

取引をここまで分解できれば十分です。それでは仕訳を行ってみましょう。仕訳は借方と貸方に分けて増加・減少を表現します。今回の取引では、まず現金が1,000,000円増加しました。現金は資産の勘定科目ですから、資産の増加は借方に記入します。そして、資本金も1,000,000円増加しています。資本金は純資産の勘定科目ですから、純資産の増加は貸方に記入します。そのため、4月1日の仕訳は次のようになります。

	資産の増加	1,000,000	純資産の増加	1,000,000
	借　　　方		貸　　　方	
4/1	現　　金	1,000,000	資　本　金	1,000,000

4月3日の取引では、建物を購入するために、現金350,000円を支払いました。言い換えると、建物が350,000円増加するととともに、現金が350,000円減少したわけです。そのため、建物の増加を借方に記入し、現金の減少を貸方に記入します。

	資産の増加	350,000	資産の減少	350,000

	借　　　　方		貸　　　　方	
4/3	建　　　物	350,000	現　　　金	350,000

　4月8日の取引では、銀行から借入を行ったため、現金250,000円が増加しました。銀行からの借金は返済義務があるため、負債に該当します。借金は借入金という勘定科目で記入されます。この取引では、現金と借入金が増加したため、借方に現金を記入し、貸方に借入金を記入します。

	資産の増加	250,000	負債の増加	250,000

	借　　　　方		貸　　　　方	
4/8	現　　　金	250,000	借　入　金	250,000

　最後に4月15日の取引を考えてみましょう。この取引では従業員に給料を200,000円支払ったため、現金が減少しました。給料は費用の勘定科目であるため、費用の発生として借方に記入します。そして、現金の減少を貸方に記入します。

	費用の発生	200,000	資産の減少	200,000

	借　　　　方		貸　　　　方	
4/15	給　　　料	200,000	現　　　金	200,000

(5) 転記

　仕訳が行われると、仕訳の内容が各勘定に移されます。これを**転記**といいます。転記は一定のルールで行われます。まず借方の金額を同じ勘定の借方側に記入し、貸方の金額を同じ勘定の貸方側に記入します。そして、日付と相手勘定科目を記入します。相手勘定科目とは、反対側の勘定科目をいい、借方の金額を転記した場合、貸方の勘定科目をいいます。この日付と相手勘定科目の記入は備忘的なものであり、金額を記入することが主な目的です。相手勘定科目が複数ある場合には諸口と記入します。

設例 3-2 設例 3-1 の取引を転記しなさい。

解答・解説

総勘定元帳

現　　金

| 4 / 1 | 資 本 金 | 1,000,000 | 4 / 3 | 建 物 | 350,000 |
| 4 / 8 | 借 入 金 | 250,000 | 4 /15 | 給 料 | 200,000 |

建　　物

| 4 / 3 | 現 金 | 350,000 | | | |

借　入　金

| | | | 4 / 8 | 現 金 | 250,000 |

資　本　金

| | | | 4 / 1 | 現 金 | 1,000,000 |

給　　料

| 4 /15 | 現 金 | 200,000 | | | |

　ノーチェ食品株式会社の4月1日の取引を転記してみましょう。借方は現金1,000,000円ですから、まずは現金勘定の借方側に1,000,000円と記入します。そして、相手勘定科目と日付を記入します。相手勘定科目とは、反対側の勘定科目をいいますので、今回は貸方側、つまり資本金が該当します。貸方は資本金1,000,000円であるため、資本金勘定の貸方に1,000,000円を記入します。そして、相手勘定科目である現金と日付を記入します。4月3日以降の取引も転記すると解答の通りとなります。

　ノーチェ食品株式会社の現金勘定を見ると、借方の合計が1,250,000円であり、貸方の合計が550,000円です。借方の金額と貸方の金額の差額を残高といいます。現金勘定の残高は700,000円となります。これは、いま企業が保有している現金の金額を示しています。このように各勘定を見ると、その勘定が増加した理由と減少した理由、そして現在の状況を知ることができます。

3 仕訳帳・総勘定元帳への記入

（1）簿記一巡と帳簿組織

　企業では簿記上の取引が行われると、仕訳帳に仕訳を記帳します。そして、その結果は総勘定元帳の各勘定に転記されます。このように企業は日々生じる取引を図表3-6のような流れで行っています。

図表 3-6　日常的な簿記の流れ

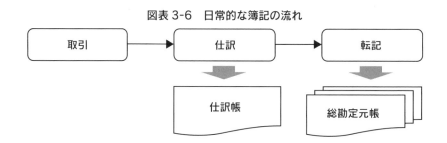

　この仕訳帳や総勘定元帳は**主要簿**と呼ばれ、必ず作成しなければなりません。しかし、企業によっては取引の内容や各勘定の明細を記録したいと考えることもあります。そのため、**補助簿**を設けることが認められています。補助簿には取引内容の詳細を記録する**補助記入帳**と、各勘定の明細を記録する**補助元帳**があります。企業は仕訳帳と総勘定元帳を中心に、企業の状況に応じて適切な**帳簿組織**を構築しています。ここでは手書きによる記入を前提に説明しましたが、現実ではコンピュータなどで帳簿を記入することが多くなっています。

（2）仕訳帳と総勘定元帳

　仕訳帳では領収書や請求書などに基づいて、日付順で記入されます。仕訳帳には日付欄と摘要欄、元丁欄、借方欄と貸方欄から構成されます。日付欄には取引日を記入し、摘要欄には仕訳の勘定科目を記入します。勘定科目の下には取引内容を簡潔に記入します。これを**小書き**といいます。元丁とは、

勘定ごとに割り振られた番号です。

　仕訳帳に記入されると、次に総勘定元帳に転記します。総勘定元帳は、借方と貸方にそれぞれ日付欄と摘要欄、仕丁欄、金額を記入する形式になっています。この形式を**標準式**といいます。摘要欄には仕訳帳と同様に勘定科目を記入します。仕丁とは仕訳帳のページ番号をいいます。

設例 3-3 ノーチェ食品株式会社の4月1日の取引を仕訳帳に記入し、総勘定元帳に転記しなさい。

解答・解説

仕　訳　帳

日　付	摘　　要		元丁	借　方	貸　方
4／1	（現　金）		1	1,000,000	
		（資本金）	6		1,000,000
	元入れして営業開始				

1ページ

総　勘　定　元　帳

現　　金　　　　　1

日　付	摘　要	仕丁	借　方	日　付	摘　要	仕丁	貸　方
4／1	資　本　金	1	1,000,000				

　4月1日の仕訳を仕訳帳に記入します。今回の取引は株主から出資を受け、営業を開始したため、小書きには"元入れして営業開始"と記入します。総勘定元帳の現金勘定が1であり、資本金勘定を6とすると、元丁欄に1と6が記入されます。そして、総勘定元帳には転記した結果が記入されます。仕訳帳のページ番号が1ページですので、仕丁欄には1と記入されます。

4 千葉珈琲ファーム株式会社の会計帳簿

大山さんと岡川さんは複式簿記と会計帳簿への記入方法を理解しました。それでは、千葉珈琲ファーム株式会社で4月に行われた取引を会計帳簿に記入してみます。4月から1か月間で行われた取引は次の通りです。

4/1	株主から現金 3,000,000 円の出資を受け、会社を設立した。
4/3	銀行より現金 2,000,000 円を借り入れた。
4/10	営業用店舗として建物 1,200,000 円を、現金で購入した。
4/12	コーヒー農場と交渉するために飛行機代 100,000 円を現金で支払った。
4/13	コーヒー豆 108,000 円を仕入れ、代金を現金で支払った。
4/17	水道光熱費 25,000 円を現金で支払った。
4/21	得意先にコーヒー豆 320,000 円を売り上げ、代金を現金で受け取った。

千葉珈琲ファーム株式会社の4月中の取引を仕訳し、総勘定元帳に転記した結果が次の通りです。商品の仕入や売上などの商品売買取引は第5章で説明します。ここでは、商品売買取引は仕入と売上を用いて仕訳することを知っておいてください。

大山さんと岡川さんは4月中の取引を会計帳簿に記帳できました。千葉珈

	借　　方		貸　　方	
	勘定科目	金　額	勘定科目	金　額
4/1	現　　金	3,000,000	資　本　金	3,000,000
4/3	現　　金	2,000,000	借　入　金	2,000,000
4/10	建　　物	1,200,000	現　　金	1,200,000
4/12	旅費交通費	100,000	現　　金	100,000
4/13	仕　　入	108,000	現　　金	108,000
4/17	水道光熱費	25,000	現　　金	25,000
4/21	現　　金	320,000	売　　上	320,000

総勘定元帳

現　　金

4 /1	資　本　金	3,000,000	4 /10	建　　　物	1,200,000
4 /3	借　入　金	2,000,000	4 /12	旅費交通費	100,000
4 /21	売　　　上	320,000	4 /13	仕　　　入	108,000
			4 /17	水道光熱費	25,000

建　　物

| 4 /10 | 現　　金 | 1,200,000 | | |

借　入　金

| | | | 4 /3 | 現　　金 | 2,000,000 |

資　本　金

| | | | 4 /1 | 現　　金 | 3,000,000 |

売　　上

| | | | 4 /21 | 現　　金 | 320,000 |

仕　　入

| 4 /13 | 現　　金 | 108,000 | | |

水道光熱費

| 4 /17 | 現　　金 | 25,000 | | |

旅費交通費

| 4 /12 | 現　　金 | 100,000 | | |

珈ファーム株式会社は両親である株主から3,000,000円を調達し、銀行から2,000,000円を調達しました。調達した資金を使って建物を購入したり、光熱費や交通費などを支払ったため、4月末には現金を3,887,000円（＝5,320,000円－1,433,000円）保有していることがわかります。このように会計帳簿を作成することで、財産や借金などの状況を把握できるわけです。

TU 商事株式会社の次の一連の取引を仕訳し、現金勘定と通信費勘定のみ転記しなさい。

4/1 株主から現金 3,000,000 円の出資を受けて、TU 商事株式会社を設立し、営業を開始した。

4/2 店舗陳列用として備品 100,000 円を現金で購入した。

4/12 事務用の消耗品 50,000 円を購入し、代金は現金で支払った（消耗品費で処理すること）。

4/19 電話やネットの通信費 7,500 円を現金で支払った。

4/20 従業員に対して給料 200,000 円を現金で支払った。

	借　　方		貸　　方	
	勘定科目	金　　額	勘定科目	金　　額
4/1				
4/2				
4/12				
4/19				
4/20				

現　　金

(/) ( ) ( )｜(/) ( ) ( )
　　　　　　　　　　　　　　　　(/) ( ) ( )
　　　　　　　　　　　　　　　　(/) ( ) ( )
　　　　　　　　　　　　　　　　(/) ( ) ( )

通　信　費

(/) ( ) ( )｜

〈参考文献〉

上野清貴（2012）『企業簿記の基礎（第 2 版）』中央経済社

京都産業大学会計学研究会（1995）『現代会計簿記論（増補第 2 版）』中央経済社

第4章

簿記の仕組み②
－貸借対照表と損益計算書を作成する－

―本章のねらい―

◇ 日々の取引から財務諸表作成までの流れを理解する。

◇ 決算手続きを踏まえて、貸借対照表と損益計算書を作成する。

◇ 決算整理の意味を理解し、精算表を記入できる。

ケース1

④貸借対照表と損益計算書の作成方法を知ろう！

　大山さんと岡川さんは、簿記の知識を使って会計帳簿を記帳し始めました。その結果、会計帳簿から千葉珈琲ファーム株式会社の状況を把握できるようになりました。とりあえず2人は一安心しました。

　ところが、会社の設立から1年が経過しようとしたとき、当社の株主である両親から「今、会社はどれくらい利益が出ているんだ」と聞かれました。2人は会計帳簿を確認しました。現金の残高や売上はわかりますが、1年間活動した結果、どのくらいの利益を獲得できたのかわかりません。他の株主からも企業の状況を教えてほしいといわれました。そこで、2人は貸借対照表と損益計算書を作成して、株主に対して報告をしようとしましたが、会計帳簿からどうやって作成するかわかりません。どうやら決算手続きを行うことで作成できるようです。果たして決算手続きとはどのようなものなのでしょうか。

1 簿記一巡の全体像

　第3章では、企業活動を会計帳簿に記録する方法である仕訳の仕組みと、総勘定元帳への転記方法を学習しました。日々行われる取引は、仕訳帳に仕訳を行い、総勘定元帳へ転記することで記録されます。しかし、総勘定元帳に転記したとしても財政状態や経営成績を把握できません。そのため、年に一度決算を行い貸借対照表と損益計算書を作成します。このように簿記の手続きは、**日常的な手続き**と**決算手続き**に分けられます（図表4-1）。

図表 4-1　簿記上の取引

2 日常的な手続き

（1）商品売買取引

　商品売買業を営む企業は商品を安く購入し、それを高く売ることで利益を獲得する業種です。簿記では商品を購入することを仕入といいます。企業は商品以外も購入しますが、これらは仕入とはいいません。商品を仕入れたときには、商品の購入代金と配送料などの付随費用を加えた価格で記録します。これを**取得原価**といいます。また、商品を得意先などに販売することを売上といいます。商品以外の販売は売上ではなく、売却といいます。

商品売買取引を記録する方法として**三分法**があります。三分法とは商品売買取引を、**繰越商品**と**仕入**、**売上**の３つの勘定を用いて記録する方法です。繰越商品勘定は期首や期末に保有する在庫を記録するための勘定です。

　商品を仕入れたときには仕入勘定の発生として、借方に取得原価で記録します。また、商品を販売したときには、販売価格（売価）で売上勘定に記録します。三分法では売上時に商品の取得原価を把握する必要がないため、他の記録方法と比べて、容易に売上取引を記録することができます。そのため、三分法は多くの企業で採用されています。

　企業も私たちと同じように取引時に現金で支払うこともありますが、多くの場合、後日代金を支払います。代金を後日支払うことを掛けといい、掛けによる商品売買取引を掛け取引といいます。掛けで商品を仕入れた場合には仕入先に対して後日代金を支払う義務が生じます。簿記ではこの義務を**買掛金**として記録します。逆に、商品を得意先などに掛けで販売した場合には、後日代金を受け取る権利が生じます。この権利を**売掛金**として記録します。

設例4-1 次のノーチェ食品株式会社の取引を仕訳しなさい。当社は商品売買取引を三分法で処理している。

　4/5　　仕入先Ｍ工業より商品420,000円を仕入れ、代金は現金で支払った。

　4/10　得意先Ｓ商事に商品610,000円を販売し、代金は現金で受け取った。

　4/12　仕入先Ｎ産業より商品500,000円を仕入れ、代金は掛けとした。

　4/15　得意先Ｙ商事に対して商品820,000円を販売し、代金は掛けとした。

解答

	借　　方		貸　　方	
4/5	仕　　入	420,000	現　　金	420,000
4/10	現　　金	610,000	売　　上	610,000
4/12	仕　　入	500,000	買　掛　金	500,000
4/15	売　掛　金	820,000	売　　上	820,000

Column

商品売買取引の記録方法

実は商品売買取引の記録方法は三分法だけではありません。三分法以外に、分記法や売上原価対立法などがあります。分記法とは、商品売買取引を商品と商品売買益の2つの勘定を用いて記録する方法です。仕入時には商品の増加として記録し、売上時には、販売した商品を減少させる（貸方に記入する）とともに、販売価格との差額を商品売買益として計上する方法です。分記法は商品の出入りや利益を記録できる点にメリットがありますが、商品原価を毎回把握する必要があるため、手間がかかるというデメリットもあります。売上原価対立法とは、仕入時には商品の増加として記録し、売上時には売上と売上原価を同時に計上する方法です。実は商品売買取引の記録方法は特に規定があるわけではありません。期末商品と利益が計算できればどんな方法でもよいのです。

（2）固定資産の購入

企業が営業活動を行うためには、商品だけでなく、店舗・倉庫などの建物や陳列棚・PCなどの備品、機械装置、土地なども必要です。このように1年を超えて企業の営業活動に使用する資産を**固定資産**といいます。固定資産を取得した場合には、取得原価で建物や備品などの固定資産の勘定に記録します。固定資産は企業の収益獲得に貢献するため、企業にとってプラスの財産となることから、取得時には資産の増加として借方に記入します。

設例4-2 次のノーチェ食品株式会社の取引を仕訳しなさい。

4/10　建物を購入し、代金2,700,000円を現金で支払った。

解答

	借　　方		貸　　方	
4/10	建　　物	2,700,000	現　　金	2,700,000

(3) 費用の支払い

　企業活動には商品売買取引や固定資産の購入以外に、水道光熱費や従業員への給料、宣伝広告費などさまざまな費用が発生します。費用が発生した場合には、それぞれ適切な勘定に支払金額で記録します。

設例 4-3 次のノーチェ食品株式会社の取引を仕訳しなさい。

4/23　今月の水道光熱費 70,000 円を現金で支払った。

4/25　従業員に対して今月分の給料 240,000 円を現金で支払った。

4/28　借入金に対する利息 2,400 円を現金で支払った。

解答

	借　　　方		貸　　　方	
4/23	水道光熱費	70,000	現　　金	70,000
4/25	給　　料	240,000	現　　金	240,000
4/28	支 払 利 息	2,400	現　　金	2,400

3 決算手続き

(1) 決算の必要性と試算表の作成方法

　決算とは、一会計期間ごとに貸借対照表と損益計算書を作成する手続きをいいます。日々の企業活動は仕訳帳や総勘定元帳に記録されますが、それだけでは財政状態や経営成績を明らかにできません。そのため、決算を行い、貸借対照表と損益計算書を作成します。決算を行う日と**決算日**といいます。

　決算は、総勘定元帳の金額を集計することから始まります。これを**試算表**といいます。試算表は、総勘定元帳への転記を検証するだけでなく、財務諸表作成の準備を行うためにも作成されます。試算表には各勘定の借方合計と貸方合計を集計する**合計試算表**や、各勘定の残高を集計する**残高試算表**、合計試算表と残高試算表を1つにまとめた**合計残高試算表**があります。通常決

算では残高試算表が作成されます。これを決算整理前残高試算表といいます。決算日におけるノーチェ食品株式会社の総勘定元帳と合計残高試算表を示すと図表4-2の通りです。

図表 4-2　総勘定元帳と合計残高試算表

現　金

資　本　金	2,000,000	仕　　　入	3,000,000
借　入　金	1,500,000	建　　　物	2,700,000
売　　　上	8,000,000	買　掛　金	2,700,000
売　掛　金	5,400,000	給　　　料	3,200,000
		水 道 光 熱 費	760,000
		支 払 利 息	240,000

繰 越 商 品

前 期 繰 越	500,000		

売 掛 金

売　　　上	8,200,000	現　　　金	5,400,000

建　物

現　　　金	2,700,000		

買 掛 金

現　　　金	2,700,000	仕　　　入	5,900,000

借 入 金

		現　　　金	1,500,000

資 本 金

		前 期 繰 越	500,000
		現　　　金	2,000,000

売　上

		現　　　金	8,000,000
		売　掛　金	8,200,000

仕　入

現　　　金	3,000,000		
買　掛　金	5,900,000		

	給 料	
現　　　　金	3,200,000	

	水道光熱費	
現　　　　金	760,000	

	支 払 利 息	
現　　　　金	240,000	

決算整理前合計残高試算表

借　方		勘 定 科 目	貸　方	
残　高	合　計		合　計	残　高
4,300,000	16,900,000	現　　　　金	12,600,000	
500,000	500,000	繰 越 商 品		
2,800,000	8,200,000	売　掛　金	5,400,000	
2,700,000	2,700,000	建　　　　物		
	2,700,000	買　掛　金	5,900,000	3,200,000
		借　入　金	1,500,000	1,500,000
		資　本　金	2,500,000	2,500,000
		売　　　　上	16,200,000	16,200,000
8,900,000	8,900,000	仕　　　　入		
3,200,000	3,200,000	給　　　　料		
760,000	760,000	水道光熱費		
240,000	240,000	支 払 利 息		
23,400,000	44,100,000		44,100,000	23,400,000

（2）決算予備手続き

　決算手続きは、決算予備手続きおよび決算本手続き、財務諸表の作成の順番で行われます（図表4-3）。それでは、ノーチェ食品株式会社の総勘定元帳（図表4-2）を基に、決算手続きを行い、財務諸表を作成してみましょう。

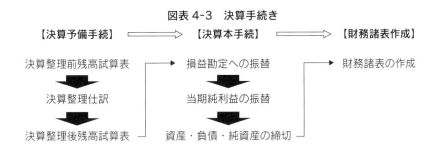

図表 4-3　決算手続き

決算予備手続きでは決算整理を行います。**決算整理**とは、収入・支出と収益・費用のズレを調整するために行う手続きをいいます。会計学では**期間損益計算**の考え方に基づいて利益を計算します。期間損益計算とは、1年間の収益からその収益に対応する費用を差し引くことで、適正な利益を計算するという考え方です。つまり、決算整理は、貸借対照表や損益計算書を作成するために、日常的な手続きを修正することをいいます。決算整理で必要な仕訳を**決算整理仕訳**といいます。ここでは売上原価と減価償却費の2つを取り上げてみます。

1）売上原価

売上原価とは、1年間に販売した商品の原価合計をいいます。期間損益計算の考え方によれば、当期の収益に対応させるべき費用は、当期の売上原価でなければなりません。三分法で記録している場合、仕入勘定には1年で購入した原価合計が記録されているため、決算において売上原価を計算する必要があります。そこで、仕入勘定を調整することで売上原価を計算します。売上原価は販売した商品の原価合計ですので、仕入勘定から在庫を控除することで、計算することができます。在庫は次期以降販売できる資産であるため、繰越商品勘定に振り替えます。当期の在庫は次期に繰り越され、次期にすべて販売されたものと考えます。そのため、次期の決算において繰越商品勘定から仕入勘定に振り替えます（図表 4-4）。

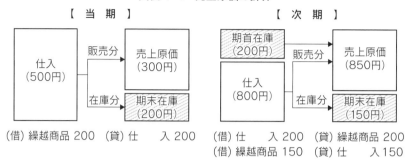

図表 4-4　売上原価の計算

【　当　期　】

仕入
(500円)

販売分 → 売上原価
(300円)

在庫分 → 期末在庫
(200円)

(借) 繰越商品 200　(貸) 仕　　入 200

【　次　期　】

期首在庫
(200円)

仕入
(800円)

販売分 → 売上原価
(850円)

在庫分 → 期末在庫
(150円)

(借) 仕　　入 200　(貸) 繰越商品 200
(借) 繰越商品 150　(貸) 仕　　入 150

設例 4-4　ノーチェ食品株式会社は、決算（3/31）に際し、期末商品が 700,000
円であった。なお、期首商品は 500,000 円であった。当社は商品売買取引を三分法
で処理している。

解答

	借　　　方		貸　　　方	
3/31	仕　　入	500,000	繰 越 商 品	500,000
	繰 越 商 品	700,000	仕　　入	700,000

2) 減価償却費

　減価償却費とは固定資産の価値の減少を費用計上したものです。企業は固
定資産を使用して収益を獲得していますが、日常的な手続きでは収益獲得に
貢献した費用が計上されていません。そこで、決算において固定資産の価値
の減少を見積り、減価償却費に計上します。毎期の減価償却費は減価償却累
計額に累積計上していきます。この記帳方法を**間接法**といいます。

　しかし、固定資産の価値の減少は直接把握できないため、価値の減少を見
積る必要があります。そこで、固定資産の価値が毎期規則的に減少すると仮
定します。そのため、減価償却費は、固定資産の取得原価から残存価額を控
除した金額を、耐用年数で割って計算します。残存価額とは固定資産の処分

価額をいい、耐用年数とは固定資産の使用可能な期間をいいます。この計算方法を**定額法**といい、計算式を示すと次の通りです。

$$減価償却費 = \frac{取得原価 - 残存価額}{耐用年数}$$

設例 4-5　ノーチェ食品株式会社は、決算（3/31）に際し、期首に取得した建物 2,700,000 円（耐用年数 15 年、残存価額 ゼロ）の減価償却を行う。

解答

	借　　　方		貸　　　方	
3/31	減価償却費	180,000	減価償却累計額	180,000

$$減価償却費 = \frac{2,700,000}{15年} = 180,000$$

(3) 決算本手続き

　決算本手続きでは、帳簿の締切を行い、当期の利益を計算します。**帳簿の締切**とは、各勘定の残高をゼロにして、帳簿上で当期と次期の区切りをつけることをいいます。帳簿の締切では、まず**損益勘定**を設け、必ず収益勘定と費用勘定から行います。収益と費用は損益勘定に残高を振替えることで帳簿を締め切ります。これを**決算振替仕訳**といいます。ノーチェ食品株式会社の

	借　　　方		貸　　　方	
3/31	売　　上	16,200,000	損　　益	16,200,000
3/31	損　　益	13,080,000	仕　　入	8,700,000
			給　　料	3,200,000
			減価償却費	180,000
			水道光熱費	760,000
			支払利息	240,000

決算振替仕訳を示すと次の通りです。そして、決算整理仕訳と決算振替仕訳を総勘定元帳に反映させると図表4-5となります。

図表4-5　収益と費用の締切

売　　上

損　　益	16,200,000	現　　金	8,000,000
		売　掛　金	8,200,000
	16,200,000		16,200,000

仕　　入

現　　金	3,000,000	繰　越　商　品	700,000
買　掛　金	5,900,000	損　　益	8,700,000
繰　越　商　品	500,000		
	9,400,000		9,400,000

給　　料

現　　金	3,200,000	損　　益	3,200,000

減価償却費

減価償却累計額	180,000	損　　益	180,000

水道光熱費

現　　金	760,000	損　　益	760,000

支払利息

現　　金	240,000	損　　益	240,000

損　　益

仕　　入	8,700,000	売　　上	16,200,000
給　　料	3,200,000		
減価償却費	180,000		
水道光熱費	760,000		
支払利息	240,000		
繰越利益剰余金	3,120,000		
	16,200,000		16,200,000

収益勘定と費用勘定が締め切られると、損益勘定には1年間の収益合計と費用合計が記入されます。そのため、損益勘定の残高は当期純利益を意味しています。当期純利益は株主に帰属するため、繰越利益剰余金（純資産）に

振り替えます。これを**資本振替仕訳**といいます。ノーチェ食品株式会社の資本振替仕訳を示すと次の通りです。

	借 方		貸 方	
3/31	損　　益	3,120,000	繰越利益剰余金	3,120,000

　最後に資産、負債および純資産を締め切ります。資産、負債や純資産は仕訳を行わず、各勘定に残高を**次期繰越**と記入することで、帳簿を締め切ります（図表4-6）。そして、各勘定の次期繰越額を集計した**繰越試算表**を作成します（図表4-7）。

図表4-6　資産、負債および純資産の締切

現　金

資　本　金	2,000,000	仕　　入	3,000,000
借　入　金	1,500,000	建　　物	2,700,000
売　　上	8,000,000	買　掛　金	2,700,000
売　掛　金	5,400,000	給　　料	3,200,000
		水道光熱費	760,000
		支払利息	240,000
		次期繰越	4,300,000
	16,900,000		16,900,000

繰越商品

前期繰越	500,000	仕　　入	500,000
仕　　入	700,000	次期繰越	700,000
	1,200,000		1,200,000

売掛金

売　　上	8,200,000	現　金	5,400,000
		次期繰越	2,800,000
	8,200,000		8,200,000

建　物

現　金	2,700,000	次期繰越	2,700,000
	2,700,000		2,700,000

減価償却累計額

次 期 繰 越	180,000	減 価 償 却 費	180,000
	180,000		180,000

買 掛 金

現　　　　　金	2,700,000	仕　　　　　入	5,900,000
次 期 繰 越	3,200,000		
	5,900,000		5,900,000

借 入 金

次 期 繰 越	1,500,000	現　　　　　金	1,500,000
	1,500,000		1,500,000

資 本 金

次 期 繰 越	2,500,000	前 期 繰 越	500,000
		現　　　　　金	2,000,000
	2,500,000		2,500,000

繰越利益剰余金

次 期 繰 越	3,120,000	損　　　　　益	3,120,000
	3,120,000		3,120,000

図表 4-7　繰越試算表

繰越試算表

借　　方	勘 定 科 目	貸　　方
4,300,000	現　　　　　金	
700,000	繰 越 商 品	
2,800,000	売 　掛　 金	
2,700,000	建　　　　　物	
	減価償却累計額	180,000
	買 　掛　 金	3,200,000
	借 　入　 金	1,500,000
	資 　本　 金	2,500,000
	繰越利益剰余金	3,120,000
10,500,000		10,500,000

（4）貸借対照表と損益計算書の作成

　帳簿の締切が行われると、**貸借対照表**と**損益計算書**が作成されます。ノーチェ食品株式会社の貸借対照表と損益計算書を示すと次の図表4-8の通りです。貸借対照表は繰越試算表から作成され、損益計算書は損益勘定から作成されます。ただし、そのまま貸借対照表や損益計算書となるわけではありません。勘定科目と表示科目が異なるものがあるためです。損益計算書では、売上や仕入・繰越利益剰余金が売上高と売上原価・当期純利益として表示されます。貸借対照表では繰越商品が商品として表示されます。これは財務諸表利用者がわかりやすいようにするためです。

図表 4-8　貸借対照表と損益計算書

貸 借 対 照 表

ノーチェ食品株式会社　　　　　　X3年3月31日　　　　　　　（単位：円）

資　産	金　額	負債・純資産	金　額
現　　　　金	4,300,000	買　　掛　　金	3,200,000
商　　　　品	700,000	借　　入　　金	1,500,000
売　　掛　　金	2,800,000	資　　本　　金	2,500,000
建　　　　物	2,700,000	繰越利益剰余金	3,120,000
減価償却累計額	△ 180,000		
	10,320,000		10,320,000

損 益 計 算 書

ノーチェ食品株式会社　　X2年4月1日〜X3年3月31日　　　　　（単位：円）

費　用	金　額	収　益	金　額
売　上　原　価	8,700,000	売　　上　　高	16,200,000
給　　　　料	3,200,000		
減　価　償　却　費	180,000		
水　道　光　熱　費	760,000		
支　払　利　息	240,000		
当　期　純　利　益	3,120,000		
	16,200,000		16,200,000

（5）精算表の作成

　決算手続きは勘定科目や金額が多くなると計算ミスが生じる可能性が高くなるため、当期の財政状態や経営成績が明らかになるまで時間がかかります。そこで、精算表を作成することで一会計期間の財政状態や経営成績を把握します。**精算表**とは、残高試算表から貸借対照表や損益計算書を作成する手続きをまとめた計算表です。精算表は残高試算表欄、修正記入欄、損益計算書欄、貸借対照表欄の4つから構成されています。それぞれ借方と貸方があるため、8桁精算表と呼ばれています。ノーチェ食品株式会社の精算表を示すと図表4-9の通りです。

図表 4-9　精算表

精　算　表

勘定科目	残高試算表		修正記入		損益計算書		貸借対照表	
	借　方	貸　方	借　方	貸　方	借　方	貸　方	借　方	貸　方
現　　　金	4,300,000						4,300,000	
繰越商品	500,000		700,000	500,000			700,000	
売　掛　金	2,800,000						2,800,000	
建　　　物	2,700,000						2,700,000	
買　掛　金		3,200,000						3,200,000
借　入　金		1,500,000						1,500,000
資　本　金		2,500,000						2,500,000
売　　　上		16,200,000				16,200,000		
仕　　　入	8,900,000		500,000	700,000	8,700,000			
給　　　料	3,200,000				3,200,000			
水道光熱費	760,000				760,000			
支払利息	240,000				240,000			
	23,400,000	23,400,000						
減価償却費			180,000		180,000			
減価償却累計額				180,000				180,000
当期純利益					3,120,000			3,120,000
			1,380,000	1,380,000	16,200,000	16,200,000	10,500,000	10,500,000

　精算表は次の流れで作成されます。

①残高試算表欄に決算整理前残高試算表の勘定科目と金額を記入します。

②決算整理仕訳を修正記入欄に記入します。

③残高試算表欄の金額に修正記入欄の金額を加減し、損益計算書欄と貸借対照表欄に記入します。借方同士であれば加算し、借方と貸方同士であれば減算します。

▶ 仕入：8,700,000 円 = 8,900,000 円 + 500,000 円 − 700,000 円

④損益計算書と貸借対照表の借方合計と貸方合計の差額を、当期純利益として金額の少ない方に記入します。貸借対照表と損益計算書の当期純利益の金額は一致します。

▶ 損益計算書：3,120,000 円 = (収益)16,200,000 円
　　　　　　　　　　　　− (費用)13,080,000 円

▶ 貸借対照表：3,120,000 円 = (借方)10,500,000 円
　　　　　　　　　　　　− (貸方) 7,380,000 円

⑤修正記入欄、損益計算書欄および貸借対照表欄の借方合計と貸方合計を計算する。

4 千葉珈琲ファーム株式会社の貸借対照表と損益計算書

　大山さんと岡川さんは決算手続きを理解し、会計帳簿から貸借対照表と損益計算書を作成する方法を理解しました。それでは、千葉珈琲ファーム株式会社の貸借対照表と損益計算書を作成してみましょう。

　決算に当たり、岡川さんが、倉庫を棚卸ししたところ、倉庫にはコーヒー豆が250,000 円あることがわかりました。当社は1年目であるため、期首に在庫はありません。そこで、決算に当たり、売上原価に関する決算整理仕訳を行います。当社は商品売買取引を三分法で処理しています。

	借　　方		貸　　方	
3/31	繰越商品	250,000	仕　入	250,000

千葉珈琲ファーム株式会社では期首に建物を1,200,000円で購入しています。建物の耐用年数は15年、残存価額はゼロと仮定します。決算に当たり、減価償却費を計算しました。

	借　　　方		貸　　　方	
3/31	減価償却費	80,000	減価償却累計額	80,000

　今回、千葉珈琲ファーム株式会社は精算表を用いて貸借対照表と損益計算書を作成することとしました。精算表の残高試算表欄に各勘定残高を記入し、売上原価と減価償却費の仕訳を修正記入欄に記入しました。その結果、千葉珈琲ファーム株式会社は今年度596,000円の利益を獲得できたことがわかりました。千葉珈琲ファーム株式会社の精算表および貸借対照表と損益計算書を示すと、次の通りです。2人はこの貸借対照表と損益計算書を使って、株主である両親に今年の成果を報告できそうですね。

精　算　表

勘定科目	残高試算表 借 方	残高試算表 貸 方	修正記入 借 方	修正記入 貸 方	損益計算書 借 方	損益計算書 貸 方	貸借対照表 借 方	貸借対照表 貸 方
現　　　　金	3,736,000						3,736,000	
繰 越 商 品			250,000				250,000	
売 　掛 　金	950,000						950,000	
建　　　　物	1,200,000						1,200,000	
買 　掛 　金		460,000						460,000
借 　入 　金		2,000,000						2,000,000
資 　本 　金		3,000,000						3,000,000
売　　　　上		2,540,000				2,540,000		
仕　　　　入	1,296,000			250,000	1,046,000			
給　　　　料	288,000				288,000			
水 道 光 熱 費	300,000				300,000			
旅 費 交 通 費	200,000				200,000			
支 払 利 息	30,000				30,000			
	8,000,000	8,000,000						
減 価 償 却 費			80,000		80,000			
減価償却累計額				80,000				80,000
当 期 純 利 益					596,000			596,000
			330,000	330,000	2,540,000	2,540,000	6,136,000	6,136,000

貸 借 対 照 表

千葉珈琲ファーム株式会社　　　X2年3月31日　　　　　　　　（単位：円）

資　産	金　額	負債・純資産	金　額
現　　　　　　金	3,736,000	買　　掛　　金	460,000
商　　　　　　品	250,000	借　　入　　金	2,000,000
売　　掛　　金	950,000	資　　本　　金	3,000,000
建　　　　　　物	1,200,000	繰越利益剰余金	596,000
減価償却累計額	△ 80,000		
	6,056,000		6,056,000

損 益 計 算 書

千葉珈琲ファーム株式会社 X1年4月1日〜X2年3月31日　　　　（単位：円）

費　用	金　額	収　益	金　額
売　上　原　価	1,046,000	売　　上　　高	2,540,000
給　　　　　　料	288,000		
減　価　償　却　費	80,000		
水　道　光　熱　費	300,000		
旅　費　交　通　費	200,000		
支　払　利　息	30,000		
当　期　純　利　益	596,000		
	2,540,000		2,540,000

確認問題

次の決算整理仕訳を行い、精算表を完成させなさい。なお、当社はX1年4月1日からX2年3月31日までである。

［決算整理事項］

①決算に当たり倉庫を調査したところ、期末商品が30,000円であった。期首商品はゼロであった。

②当期首に取得した備品540,000円（耐用年数5年、残存価額ゼロ）について定額法で減価償却する。

	借　　方		貸　　方	
①				
②				

精　算　表

勘定科目	残高試算表		修正記入		損益計算書		貸借対照表	
	借　方	貸　方	借　方	貸　方	借　方	貸　方	借　方	貸　方
現　　　金	1,250,000							
繰 越 商 品								
売 掛 金	950,000							
備　　　品	540,000							
借 入 金		500,000						
資 本 金		2,000,000						
売　　　上		1,171,000						
仕　　　入	571,000							
給　　　料	360,000							
	3,671,000	3,671,000						
減価償却費								
減価償却累計額								
当期純利益								

〈参考文献〉

上野清貴（2012）『企業簿記の基礎（第2版）』中央経済社

京都産業大学会計学研究会（1995）『現代会計簿記論（増補第2版）』中央経済社

第５章

財務諸表の種類
－企業グループの状況を把握する－

―本章のねらい―

◇財務諸表の構成について理解する。

◇キャッシュ・フロー計算書の目的と構造を理解する。

◇連結財務諸表の目的と構成を理解する。

◇財務諸表における注記事項の位置づけとセグメント情報の内容について理解する。

①企業のグループ経営

　神田飲料株式会社は、商品の企画・製造を行う神田飲料株式会社（親会社）と子会社7社にて飲料事業を行う老舗企業です。国内では100％子会社である地域販売会社5社が主に自販機チャネルにて販売を行っています。海外では米国に進出し、現地販売会社（100％子会社）が神田飲料株式会社より商品を輸入し、販売を行っています。

　国内では固定ファンも多く利益率も高いですが、顧客層の拡大は進まず販売実績は横ばいが続いています。海外では、健康志向の高まりを捉え販売は伸びていますが、規模は小さく利益率も国内に比べると低い状況です。20X5年度より、収益力の向上および企業ブランドの認知度アップを目指し、新たに子会社（K-Cafe）を設立しカフェチェーンを主とした飲食事業を開始しました。同子会社には大手商社の出資（3割）も受けています。競合も多く事業単体では赤字の状態ですが、積極的に投資を進めています。

　このように神田飲料株式会社では、外部から出資を受けた新たな飲食事業も始まり、株主を始めとしたステークホルダーは、グループ経営の状況に高い関心を持っています。

事業構成図

神田飲料株式会社

国内飲料事業
神田飲料販売北海道（株）
神田飲料販売東北（株）
神田飲料販売関西（株）
神田飲料販売北陸（株）
神田飲料販売九州（株）

米国飲料事業
Kanda Drink America LLC

飲食事業
K-Cafe（株）

企業概要

企業名	神田飲料株式会社
業種	飲料事業
設立	1967年
資本金	19,500（百万）
上場区分	東京証券取引所プライム市場
売上高	132,000（百万）
経常利益	2,900（百万）
当期純利益	2,600（百万）

数字は20X6年3月期

1 財務諸表の構成

　財務諸表は企業の経営状況を利害関係者（ステークホルダー）に説明するために作成された報告書です。第2章では、財務諸表のうち、貸借対照表と損益計算書について、その構造や内容、両者の関係について説明しました。財務諸表には、貸借対照表と損益計算書以外にも、企業が生み出す資金の状況を示す**キャッシュ・フロー計算書**や、資本金がどのような理由で増減したかを示す**株主資本等変動計算書**があります。このうち、貸借対照表、損益計算書、キャッシュ・フロー計算書の3つの報告書をもって「財務3表」と呼ばれることもあります。本章では、貸借対照表、損益計算書およびキャッシュ・フロー計算書について、その具体的な構成を見ていきましょう。

　なお、これまでは貸借対照表と損益計算書について、勘定口座の形式にならい左右に並べる形で示してきました。このような形式を**勘定式**と呼びます。これに対し、上から下に書き流す形式で貸借対照表と損益計算書を作成する形式を**報告式**と呼びます。ここでは、報告式を用いて説明を行います。

（1）貸借対照表

　貸借対照表は、企業のある時点での財政状態を示す報告書であり、資産、負債、純資産から構成されます。資産の部では、**流動資産**と**固定資産**に区分して表示されます。流動・固定の区分については、第2章を振り返ってください。固定資産は、さらに建物、備品、土地などの**有形固定資産**、ソフトウェアや特許権などの**無形固定資産**、1年を超えて保有する長期貸付金や投資有価証券などの**投資その他の資産**に区分して表示されます。負債の部では、**流動負債**と**固定負債**に区分して表示されます。純資産の部では、株主からの出資金や企業が稼いだ利益の積み上げなどである**株主資本**と損益計算書には含まれない資産や負債の価値の変動額などである**評価・換算差額等**に区分して表示されます。株主資本は、さらに資本金、資本剰余金および利益剰余金に区分されます。

貸借対照表

小岩井商事株式会社　　20X2 年 3 月 31 日現在

（単位：百万円）

【資産の部】

I	流動資産		
	現金及び預金	66,700	
	売掛金	38,800	
	商品	95,200	
	・・・	30,200	230,900
II	固定資産		
	有形固定資産		
	建物	108,600	
	土地	36,400	
	・・・	10,900	155,900
	無形固定資産		
	商標権	11,600	
	・・・	5,700	17,300
	投資その他の資産		
	投資有価証券	19,200	
	・・・	58,300	77,500
	資産合計		481,600

【負債の部】

I	流動負債		
	買掛金	71,700	
	・・・	35,600	107,300
II	固定負債		
	長期借入金	12,900	
	・・・	23,600	36,500
	負債合計		143,800

【純資産の部】

I	株主資本		
	資本金	15,400	
	資本剰余金	144,200	
	・・・	170,800	330,400
II	評価・換算差額等		
	その他有価証券評価差額金	7,400	7,400
	純資産合計		337,800
	負債・純資産合計		481,600

（2）損益計算書

　損益計算書は、企業のある一定期間における経営成績を示す報告書です。報告式では、企業の経営成績について、**営業利益**、**経常利益**および**当期純利益**の3つの区分に分けて表示されます。営業利益の区分では、まず売上高から売上原価を差し引いて**売上総利益**が表示されます。そして、売上総利益から給料や宣伝費などの**販売費及び一般管理費**が差し引かれることにより、営業利益が表示されます。すなわち、営業利益とは、企業の主たる営業活動から得られる利益です。経常利益の区分では、営業利益に対して、受取配当金などの**営業外収益**を加算し、支払利息などの**営業外費用**を減算することにより、経常利益が表示されます。経常利益とは、通常の事業活動から得られる利益となります。当期純利益の区分では、経常利益に対し、通常の活動では発生しない臨時的な利益（**特別利益**）や損失（**特別損失**）を加減することにより、**税引前当期純利益**が表示されます。税引前当期純利益は、税金を差し引く前の企業が得た利益です。そして、法人税などの必要な税金を差し引き、最終的な儲けである当期純利益が表示されることになります。

損益計算書

小岩井商事株式会社 自 20X1 年 4 月 1 日至 20X2 年 3 月 31 日

(単位：百万円)

Ⅰ	売上高		665,900
Ⅱ	売上原価		
	期首商品棚卸高	99,900	
	当期商品仕入高	466,100	
	合　計	566,000	
	期末商品棚卸高	130,700	435,300
	売上総利益		230,600
Ⅲ	販売費及び一般管理費		
	広告宣伝費	1,500	
	給料及び手当	68,100	
	・・・	117,300	186,900
	営業利益		43,700
Ⅳ	営業外収益		
	受取利息	100	
	受取配当金	300	
	・・・	3,000	3,400
Ⅴ	営業外費用		
	支払利息	100	
	・・・	200	300
	経常利益		46,800
Ⅵ	特別利益		
	固定資産売却益	400	
	・・・	100	500
Ⅶ	特別損失		
	減損損失	1,000	
	・・・	800	1,800
	税引前当期純利益		45,500
	法人税、住民税及び事業税		15,200
	当期純利益		30,300

(3) キャッシュ・フロー計算書

　キャッシュ・フロー計算書は、企業の一定期間におけるキャッシュ・フローの状況を報告するものです。キャッシュ・フローとはお金（資金）の出入りのことです。したがって、キャッシュ・フロー計算書とは、一定期間に

おいて企業にどれだけの資金が入ってきて、どれだけ出ていったのかという資金の流れを表す報告書になります。キャッシュ・フロー計算書における資金の範囲は、**現金及び現金同等物**となります。現金同等物とは、容易に換金することができ、かつ価値の変動リスクが小さい短期投資（満期までの期間が3か月以内の定期預金など）のことをいいます。

　損益計算書では、一定期間における利益の状況（経営成績）を示しますが、収益・費用の発生は、必ずしも現金の流れと一致しません。例えば、商品を売り上げて、その代金を掛けで（後で）受け取る場合でも収益は売上の時点で計上されますよね。このように、損益計算書に利益が計上されても、それと同額の現金が増えたとは限りません。キャッシュ・フロー計算書では、資金の流れ（期中の増減額）を示しますので、企業が計上した利益の資金的な裏付けを明らかにすることができるわけです。

　キャッシュ・フロー計算書では企業における資金の変動について、①営業活動、②投資活動、および③財務活動の3つの区分で表示します。それぞれの主な内容は以下の通りです。

区分	内容
①営業活動による キャッシュ・フロー	企業の主たる営業活動に伴うキャッシュ・フロー 例：売上収入や仕入支出、人件費などの管理費
②投資活動による キャッシュ・フロー	投資活動に伴うキャッシュ・フロー 例：固定資産の取得・売却、有価証券投資等の投融資
③財務活動による キャッシュ・フロー	資金の調達・返済によるキャッシュ・フロー 例：借入や社債の発行、配当金の支払い、増資

　上記3区分のうち、①営業活動によるキャッシュ・フローの区分の作成と表示については、**直接法**と**間接法**の2つの方法があります。直接法とは主要な取引ごとにキャッシュ・フローを総額表示させる方法です。一方、間接法は、損益計算書の当期純利益に必要な調整を加えることにより、期中の資金変化額を表示する方法となります。キャッシュ・フロー計算書では、上記3区分それぞれについて、現金及び現金同等物の純増減額が示されます。そして、3つの活動における現金及び現金同等物の純増減額の合計額が示され、

期首の同残高に純増減額が加算されることで、期末の残高が表示される仕組みとなっています。

キャッシュ・フロー計算書

小岩井商事株式会社　自 20X1 年 4 月 1 日至 20X2 年 3 月 31 日

(単位：百万円)

営業活動によるキャッシュ・フロー	
税引前当期純利益	45,400
減価償却費	11,600
減損損失	1,300
・・・	△ 13,500
営業活動によるキャッシュ・フロー	44,800
投資活動によるキャッシュ・フロー	
関係会社株式の取得による支出	△ 100
有形固定資産の取得による支出	△ 9,500
・・・	△ 4,200
投資活動によるキャッシュ・フロー	△ 13,800
財務活動によるキャッシュ・フロー	
短期借入金の純増加額	200
配当金の支払額	△ 7,400
・・・	△ 9,400
財務活動によるキャッシュ・フロー	△ 16,600
現金及び現金同等物の増減額	14,400
現金及び現金同等物の期首残高	52,200
現金及び現金同等物の期末残高	66,600

Column

黒字倒産とは

　あまり縁起のいい話ではないのですが、倒産とはどのような状況を指すのでしょうか。倒産とは、一般的には資金が不足し支払いができなくなる状況をいいます。例えば、企業は仕入れの支払などに手形を利用しますね。手形の支払期日に企業の当座預金口座の残高が足りず決済ができないと、その手形は「不渡り」となり、このような状況が続くと企業は倒産となってしまいます。たとえ損益計算書の黒字であっても、資金が足りなくなると倒産してしまうわけです。これを黒字倒産といいます。キャッシュ・フロー計算書の重要性がわかりますね。

　なお、倒産と似たような言葉に破産があります。倒産とは、企業が上記のような状況になった場合を示しており、その対応として、企業は破産や民事再生などの手続を選択していくことになります。

2 企業グループの財務諸表

　企業は事業の拡大に伴い、他の企業の株式保有などを通じて実質的にその企業を支配し、企業集団（グループ）を形成することが多く見られます。このとき、支配している側の会社を**親会社**、支配されている側の会社を**子会社**といいます。このような企業グループを単一の組織体としてみなして作成される財務諸表のことを**連結財務諸表**といいます。一方、個々の企業に対して作成される財務諸表のことを**個別財務諸表**といいます。本章では、連結財務諸表の目的と作成手続について説明します。

（1）連結財務諸表の目的

　企業が複数の子会社を含めた企業グループを形成している場合、企業グループ全体の状況を把握するためには、個々の財務諸表を足し合わせなければなりません。しかし、例えばグループ内部での取引が多くある場合には、単純に足し合わせた結果ではグループ全体の状況を正しく把握することはできません。また、親会社は子会社を利用して売上高の水増しを行ったり、損

失を隠したりする可能性もあります。連結財務諸表が作成されることにより、企業の利害関係者はグループ全体の状況を正しく把握することができるとともに、上記のような子会社を利用した不正な取引を防止する効果が期待できます。企業における M&A（企業買収）の増加や新たな事業への進出（多角化）・国際化の進展などに伴い、連結財務諸表の重要性は増しています。現在の日本の会計制度では、上場企業に対しては連結財務諸表の作成が必須となっています。

　ここで、連結財務諸表における支配の考え方について説明します。連結財務諸表には企業と**支配従属関係**にある企業が含まれます。企業が他の企業の議決権を有する株式の過半数を所有している場合には支配従属関係があると考えます。なぜなら株主総会での議決権行使を通じてその企業を支配することができるからです。また、株式の過半数を所有していなくても4割以上の株式を所有しており、取締役の派遣や資金調達などを通じて、財務や経営の方針を実質的に支配している場合には支配従属関係があると考えます。このようにして定められた連結財務諸表に含まれる企業のことを**連結会社**といいます。

（2）連結財務諸表の作成手続

　連結財務諸表は親会社と子会社の個別財務諸表を合算することにより作成します。ただし、単純に合算するのではなく、連結に当たり必要な修正を行います。具体的には、連結貸借対照表の作成では、親会社の子会社に対する投資（親会社が保有する子会社の株式）と子会社の資本の相殺消去を行います。なぜなら、企業グループにおいては、親会社の子会社に対する投資は企業グループ内部での取引（これを**内部取引**といいます）になってしまうからです。同じ理由から連結会社間での債権と債務についても相殺消去を行います。連結損益計算書を作成においても、連結会社間での商品の売買、資金の貸借や利息の授受は内部取引となりますので消去されます。このような連結に必要な仕訳のことを**連結修正仕訳**と呼びます。連結修正仕訳は帳簿には転記されず、連結財務諸表を作成する作業はすべて連結精算表において行われ

図表 5-1 連結財務諸表の作成手続

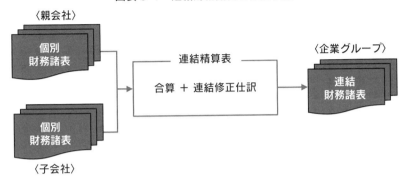

ます（図表 5-1 参照）。

　親会社と子会社の投資と資本の相殺消去に当たり、親会社が子会社の発行済株式のすべて（100 ％）を保有している場合には、親会社が保有する子会社株式と子会社の資本が相殺消去されることで連結貸借対照表が作成されます。しかし、親会社が子会社の発行済株式のすべてを保有していない場合には、子会社には親会社以外の株主も存在することになり、そのような株主のことを**非支配株主**といいます。この場合、資本と投資の相殺消去に際しては、子会社の資本は持分比率により按分されます。親会社に帰属する部分は親会社の投資と相殺消去されますが、非支配株主に帰属する部分は純資産に**非支配株主持分**として計上されることになります。

設例 5-1 X1 年 3 月 31 日時点の親会社（A 社）と子会社（B 社）の個別貸借対照表は以下の通りである。これに基づいて、X1 年 3 月 31 日時点での連結貸借対照表を作成しなさい。なお、親会社の子会社に対する持分割合は 70 ％とする。

個別貸借対照表
X1 年 3 月 31 日

資　産	親会社（A 社）	子会社（B 社）	負債・純資産	親会社（A 社）	子会社（B 社）
現　　　金	1,000,000	300,000	借　入　金	1,500,000	200,000
建　　　物	1,000,000	100,000	資　本　金	640,000	200,000
子会社株式	140,000	－			
資　産　計	2,140,000	400,000	負債・純資産計	2,140,000	400,000

[解答]

　連結貸借対照表の作成に際しては、親会社（A 社）と子会社（B 社）の個別貸借対照表の金額を合算します。本設例の場合、親会社の子会社に対する持分割合は 70 ％ですので、資本と投資の相殺消去に際しては、子会社の資本は持分比率により按分されます。具体的には、子会社の資本のうち 70 ％（200,000 円× 70 ％ = 140,000 円）は親会社の子会社株式（140,000 円）と相殺消去され、残り 30 ％（200,000 円－ 140,000 円 = 60,000 円）は非支配株主持分となります。

連結貸借対照表（A 社）
X1 年 3 月 31 日

資　産	金　額	負債・純資産	金　額
現　　　金	1,300,000	借　入　金	1,700,000
建　　　物	1,100,000	資　本　金	640,000
		非支配株主持分	60,000
資　産　計	2,400,000	負債・純資産計	2,400,000

　最後に、連結財務諸表の構成について、表示科目は基本的に個別財務諸表から大きく変わりません。連結特有の項目として、非支配株主が存在する場合、連結貸借対照表については、純資産の部に非支配株主持分が表示され、連結損益計算書については、当期純利益（損失）の下に、非支配株主に帰属する当期純利益と親会社株主に帰属する当期純利益が表示されます。

3　注記とセグメント情報

　財務諸表の内容を説明するためには多くの情報が必要となりますが、それ

らをすべて財務諸表の本体に記載すると見づらくなり、重要な情報が伝わらなくなるおそれがあります。そのため、財務諸表の作成に際しては、財務諸表本体とは別の箇所に財務諸表の内容に関連する事項を記載します。このような記載のことを**注記**といい、注記事項には、会計方針など財務諸表作成の基本となる事項や個々の財務諸表における記載項目の内容や内訳、関連情報などが含まれます。

　本章では注記事項のうち、利害関係者の関心の高い**セグメント情報**を取り上げます。企業における多角化や国際化などの事業の拡大に伴い、財務諸表の利用者においては、企業全体の状況だけでなく、事業や地域ごとの内訳に関する情報が有用となります。セグメント情報とは、事業や地域などが複数にまたがる場合、企業全体をいくつかの区分に分けて、その区分ごとの売上や利益、資産の状況などを示す情報のことをいいます。当然のことながら、企業の経営者も企業全体だけではなく、区分ごとの管理を行っています。セグメント情報では、実際に経営者が管理を行う区分と同じ内容で示すことが求められています。これを**マネジメント・アプローチ**といい、財務諸表の利用者は、経営者と同じ視点で企業を見ることができるようになるわけです。なお、セグメント情報は原則として連結財務諸表において注記されます。

　以下はセグメント情報の例となります。この企業例の場合、セグメントは自動車部品を始め5つの区分となり、それぞれの区分ごとに、売上高、利益および資産・負債の状況が示されています。セグメント間での内部取引等については調整額の列において調整が行われ、各セグメントの合計額が連結財務諸表の計上額と一致する仕組みとなっています。

	自動車部品	船舶	ソフトウェア	電子	その他	調整額	連結財務諸表計上額
売上高							
外部顧客への売上高	3,000	5,000	9,500	12,000	1,000	−	30,500
セグメント間の内部売上高又は振替高	−	−	3,000	1,500	−	△ 4,500	−
計	3,000	5,000	12,500	13,500	1,000	△ 4,500	30,500
セグメント利益	200	70	900	2,300	100	△ 2,050	1,520
セグメント資産	2,000	5,000	3,000	12,000	2,000	500	24,500
セグメント負債	1,050	3,000	1,800	8,000	−	5,000	18,850
その他の項目	500	800	550	1,800	50	1,050	4,750

出所：「企業会計基準適用指針第 20 号　セグメント情報等の開示に関する会計基準の適用指針」より抜粋

4 神田飲料株式会社の連結財務諸表

　神田飲料株式会社の連結貸借対照表、連結損益計算書およびセグメント情報ついて見ていきましょう。連結貸借対照表および連結損益計算書は報告式を用いています。

　まず連結貸借対照表と連結損益計算書です。両報告書とも個別と比べて、表示科目に大きな違いはありません。20X5 年度より開始した飲食事業では、大手商社と合弁で子会社（K-Cafe）を設立しました。神田飲料株式会社の持分は 70 ％ですので、連結貸借対照表においては、当該子会社の期末純資産（1,200 百万円）の 30 ％である 360 百万円が非株主支配持分として純資産の部に計上されています。また、当該子会社の 20X5 年度決算は赤字（△200 百万円）でしたので、連結損益計算書においては、非支配株主に帰属する当期純利益として△ 60 百万円（純損失）が計上されています。

連結貸借対照表

神田飲料株式会社　　20X6 年 3 月 31 日現在

（単位：百万円）

【資産の部】

I 流動資産		
現金及び預金	26,400	
売掛金・受取手形	18,240	
棚卸資産	11,200	
その他流動資産	480	56,320
II 固定資産		
有形固定資産		
建物（純額）	52,080	
土地	7,500	59,580
無形固定資産		
ソフトウェア	2,720	
その他無形資産	5,620	8,340
投資その他の資産		
投資有価証券	35,760	35,760
資産合計		160,000

【負債の部】

I 流動負債		
買掛金・支払手形	22,500	
短期借入金	19,800	42,300
II 固定負債		
長期借入金	39,760	
その他固定負債	8,940	48,700
負債合計		91,000

【純資産の部】

I 株主資本		
資本金	19,500	
資本剰余金	2,100	
利益剰余金	48,000	
自己株式	△ 3,270	66,330
II その他の包括利益累計額		
その他有価証券評価差額金	2,310	2,310
III 非支配株主持分		360
純資産合計		69,000
負債・純資産合計		160,000

連結損益計算書

神田飲料株式会社　　自 20X5 年 4 月 1 日至 20X6 年 3 月 31 日

（単位：百万円）

Ⅰ　売上高		132,000
Ⅱ　売上原価		85,800
売上総利益		46,200
Ⅲ　販売費及び一般管理費		42,900
営業利益		3,300
Ⅳ　営業外収益		
受取利息	150	
受取配当金	750	900
Ⅴ　営業外費用		
支払利息	820	
その他営業外費用	480	1,300
経常利益		2,900
Ⅵ　特別利益		
有価証券売却益	1,014	1,014
Ⅶ　特別損失		
固定資産売却損	200	200
税金等調整前当期純利益		3,714
法人税、住民税及び事業税		1,114
当期純利益		2,600
非支配株主に帰属する当期純利益		△ 60
親会社株主に帰属する当期純利益		2,660

　次にセグメント情報を見てみましょう。売上高は国内飲料事業が約 8 割、米国飲料事業が約 2 割を占めています。新たに開始した飲食事業の売上高の全体に占める割合は限定的です。報告セグメントごとの利益の状況を見てみると、国内飲料事業の利益率（約 4.2 ％）に比べて、米国飲料事業の利益率（約 1.9 ％）が低いことが読み取れます。

	報告セグメント				調整額	連結財務諸表計上額
	国内飲料事業	米国飲料事業	飲食事業	計		
売上高						
外部顧客への売上高	105,360	26,400	240	132,000	−	132,000
⎰セグメント間の内部 ⎱売上高又は振替高	120	−	−	120	△ 120	−
計	105,480	26,400	240	132,120	△ 120	132,000
セグメント利益	4,400	500	△ 200	4,700	△ 1,400	3,300
セグメント資産	102,000	12,600	400	115,000	45,000	160,000

（注）セグメント利益の調整額には、各報告セグメントに配分していない全社費用、セグメント資産の調整額には全社資産が含まれています。

確認問題

【問題1】

キャッシュ・フロー計算書の目的と構造について説明しなさい。

【問題2】

X1年3月31日時点の親会社（C社）と子会社（D社）の個別貸借対照表は以下の通りである。これに基づいて、X1年3月31日時点での連結貸借対照表を作成しなさい。なお、親会社の子会社に対する持分割合は80％とする。

個別貸借対照表
X1 年 3 月 31 日

資　　　　産	親会社（C 社）	子会社（D 社）	負債・純資産	親会社（C 社）	子会社（D 社）
現　　　　金	800,000	200,000	借　入　金	600,000	150,000
建　　　　物	400,000	50,000	資　本　金	680,000	100,000
子会社株式	80,000	−			
資　産　計	1,280,000	250,000	負債・純資産計	1,280,000	250,000

【問題3】

セグメント情報について、説明しなさい。

〈参考文献〉

伊藤邦雄（2020）『新・現代会計入門（第4版）』日本経済新聞出版社

企業会計基準委員会（2008）「企業会計基準適用指針第 20 号　セグメント情報等の開示に関する会計基準の適用指針」

齋藤静樹（2021）『企業会計入門（補訂版第4版）』有斐閣

桜井久勝（2022）『財務会計講義（第23版）』中央経済社

日本公認会計士協会（2014）「会計制度委員会報告第8号　連結財務諸表等におけるキャッシュ・フロー計算書の作成に関する実務指針」

第6章

会計に関連する制度と
その動向
－国際化や社会問題への取組みと
会計の関係－

―本章のねらい―

◇財務諸表の公表について、会社法と金融商品取引法による制度の概要を理解する。

◇会計基準の目的と国際化に向けた動向を理解する。

◇財務諸表監査の目的と対象、流れについて理解する。

◇サステナビリティ情報の開示の重要性と最近の動向を理解する。

②国際財務報告基準（IFRS）と
気候変動に関する投資家からの質問

　神田飲料株式会社は東京証券取引所プライム市場に上場しています。株主には取引銀行や取引先のほか、機関投資家も多く見られます。最近では外国の投資家も含まれてきました。米国での販売も好調に伸びており、国際的な知名度が上がってきたことも影響しているのでしょう。

　同社では、主要株主や投資家と定期的なミーティングを開催しています。その中において、ある機関投資家から国際財務報告基準（IFRS）への移行について、同社の考えを聞かれました。また、別の機関投資家からは、気候変動が同社の事業に与える影響について質問を受けています。

1 財務諸表の公表

　財務諸表は、株主や債権者などの利害関係者（ステークホルダー）に対して企業の経営状況を示す報告書です。日本では、**会社法**と**金融商品取引法**の2つの法律において、それぞれ財務諸表の作成、公表に関する制度を定めています。第1章では、会計の役割として利害調整機能と情報提供機能があることを説明しました。会社法では主に利害調整機能の観点からルールが定められており、金融商品取引法では主に情報提供機能の観点からルールが定められています。では、それぞれの内容について見ていきましょう。

(1) 会社法に基づく制度

　会社法は、会社に関するさまざまなルールを規定した法律であり、企業の関係者間における利害の調整などに関するルールが規定されています。第1章では、配当制限のルールが会社法に設けられていることを説明しましたね。財務諸表は、経営者・株主・債権者の間に存在する利害の調整において重要な役割を担うことから、会社法では、財務諸表の作成、公表に関するルールを定めています。なお、会社法では財務諸表のことを計算書類と呼びます。

　会社法では、企業は適時に正確な**会計帳簿**を作成することを求めています。企業は会計帳簿に基づき計算書類や事業報告などの報告書を作成し、株主総会の前に株主に提供しなければなりません。作成された計算書類等は株主総会の承認を受ける必要があります。そして、株主総会で承認を得た計算書類等は、官報などの紙媒体か、インターネット上のホームページ等を通じて公表（**決算公告**といいます）することが求められています。このようなルールを通じて、株主は企業から会計情報を受け取ることが保証されているわけです。

　会社法では、企業統治（コーポレート・ガバナンス）に関するルールも規定しています。コーポレート・ガバナンスについては、第10章で取り上げます。

（2）金融商品取引法に基づく制度

　金融商品取引法は、有価証券などの公正な取引や資本市場の健全な発展により、国民経済全体の発展と投資者の保護を目的とする法律です。金融商品取引法では、企業が投資家に対し投資判断に必要な情報を提供するルールを定めており、財務諸表の作成、公表（開示）はその中心となります。このように企業が情報を公表する制度のことを**ディスクロージャー制度（企業内容開示制度）**といいます。金融商品取引法による財務諸表の作成と開示が求められるのは、原則として上場企業となります。

　証券市場のうち、企業が株式などの有価証券を最初に売り出す市場のことを発行市場といい、その後、投資家等が企業の株式の売買を行う市場のことを流通市場といいます。金融商品取引法では、発行市場において、株式などの有価証券を募集または売り出しをしようとしている企業は、財務諸表などの経営状況や募集の条件などを記載した**有価証券届出書**を作成、開示することが求められています。また、投資家に対して直接交付する**目論見書**の作成も必要です。

　流通市場では、企業は、決算期毎に**有価証券報告書**を作成、開示することが求められています。また、決算期毎だけでなく、半期（6か月）毎の**半期報告書**の作成、開示や、他企業との合併等、重要な事項が臨時で発生した場合には、**臨時報告書**の作成、開示も必要となります。有価証券届出書や有価証券報告書には、連結財務諸表と個別財務諸表の両方が記載されます。また、これらの報告書は、金融庁が運営する EDINET（電子開示システム）を通じて開示され、誰でもインターネット上で閲覧することが可能です。このようなルールを通じて、投資家は投資判断に必要な情報を入手することが可能となるわけです。

　なお、有価証券報告書については、従来3か月毎に四半期報告書の作成、開示も求められていました。また、上場企業については、企業が上場する証券取引所のルールにおいて**決算短信**の開示も求められており、四半期報告書については、決算短信との内容の重複などが指摘されていました。このような背景の中、2023年に金融商品取引法の改正が行われ、2024年度より四半

期報告書は廃止となり、決算短信に一本化されることとなりました。

図表6-1では、これまで説明した会社法および金融商品取引法における制度の概要をまとめています。

図表 6-1　財務諸表の公表

法律	目的	主な報告書	
会社法	利害調整	計算書類、事業報告、付属明細書	
金融商品取引法	情報提供	発行市場	有価証券届出書、目論見書
		流通市場	有価証券報告書、半期報告書

2　財務諸表の作成ルール

財務諸表を作成するための会計ルールについて考えてみましょう。もし、会計ルールがなく、企業の経営者が自由に財務諸表を作成できてしまうと、経営者は自身の都合のよいように利益の計算を行ったり、企業が保有する財産をごまかしたりするかもしれません。また、投資家が他の企業の財務諸表と比較しようとしても、企業がそれぞれ勝手に利益を計算していたら、比較はできなくなってしまうでしょう。会計という仕組みを維持していくためには、会計ルールの設定が必要なのです。財務諸表を作成するための会計ルールのことを**会計基準**といいます。

（1）会計基準の設定

会計基準は、公正妥当なものとして社会的に認められたという意味で「**一般に認められた会計原則**（GAAP：Generally Accepted Accounting Principle）」と呼ばれます。会社法では、「株式会社の会計は、一般に公正妥当と認められる企業会計の慣行に従うものとする」と規定されています。

日本における会計基準の設定は、従来金融庁の企業会計審議会が行ってき

ましたが、国際的な潮流を踏まえ、2001 年からは民間団体である**企業会計基準委員会**が主体となりました。なお、会計基準は企業会計だけに必要な訳ではありません。NPO 法人などの非営利組織が行う会計や国・地方公共団体などが行う会計に対しても、会計基準などのルールが設定されています。

（2）会計基準の国際化

　現在、会計基準の国際化に関する動きが進んでいます。新聞などのニュースでも会計基準の国際化に関する報道がなされることがありますね。経済活動のグローバル化に伴い、資本市場のボーダレス化も大きく進んでいます。投資家は国境を越えて企業に投資を行うようになり、国境を跨いだ企業の買収や合併なども多く見られるようになりました。日本の上場企業においても、外国法人による株式の保有割合は大きく増加しています（図表 6-2 を参照）。

　会計は社会の制度として、従来、各国の政治や経済などを反映しそれぞれ独自の会計基準が設定されてきました。しかし、国境を越えた企業活動や投

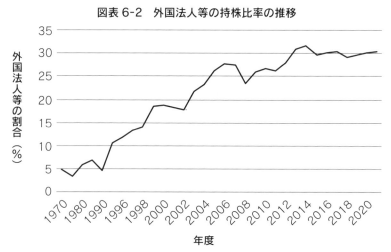

図表 6-2　外国法人等の持株比率の推移

出所：日本証券取引所グループ「2021 年度株式分布状況調査（資料集）」より筆者作成

資が大きくなってくると、国ごとに会計ルールが異なることによりさまざまな問題が生じてきます。このような状況を改善するため、会計ルールの国際化が議論されるようになりました。

　国際財務報告基準（IFRS：International Financial Reporting Standards）は、イギリスにある**国際会計基準審議会**（IASB：International Accounting Standards Board）が設定を行い、全世界での適用に向けて推進が図られている会計基準です。IFRS は欧州連合（EU）加盟国やアジア、アフリカなどの国々を中心に現在では 140 以上の国・地域で適用されています。IFRS の特徴としては、原則主義が挙げられます。原則主義では、会計基準において基本的な考え方を中心に規定し、詳細なルールはあまり記載されません。また、のれんや企業が保有する有価証券の会計処理など、現行の日本の会計基準とは一部異なる考え方も見られます。

　日本では、日本の会計基準（日本基準）を維持したうえで、日本基準とIFRS の重要な差異を解消していく方針が定められていますが、IFRS の内容をすべて受け入れるかについてはさまざまな議論があります。このような中、IFRS に対する国際的な意見発信を行いながら、日本基準を国際的に整合した会計基準とするための取組みが進められています。また、日本基準ではなく、IFRS を使用することも認められており（**任意適用**といいます）、海外での売上高が多い企業などを中心に日本において IFRS を適用する企業は増加しています（図表 6-3 参照）。

図表 6-3　日本における IFRS の任意適用企業数の推移

図表 6-3　日本における IFRS の任意適用企業数の推移

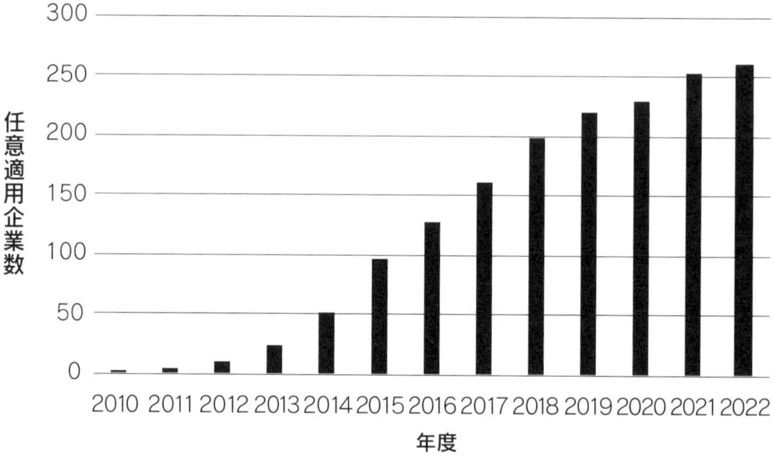

出所：企業会計審議会「企業会計審議会・第10回会計部会　事務局説明資料（国際会計基準に関する対応)」より筆者作成

3 財務諸表の監査

　会計基準が定められても、企業の経営者が会計基準を守らなかったり、会計基準とは異なる会計処理を間違って行ってしまうことなどが考えられます。財務諸表が誤って作成されていた場合、財務諸表の利用者は判断を間違えてしまう可能性があります。財務諸表に大きな誤りがないかチェックするための仕組みのことを**財務諸表監査**といい、監査を行う人（組織）のことを**監査人**といいます。

（1）財務諸表監査の目的と対象

　財務諸表を作成する責任は企業の経営者にあります。監査の目的は、経営者が作成した財務諸表に監査人が意見を表明することです。このことを**二重責任の原則**と呼びます（図表 6-4 参照）。財務諸表監査は、企業とは利害関係のない公認会計士または監査法人によって行われます。監査人が企業と利害関係があると、誤りが見つかっても見逃してしまう可能性があるなど、監

査の信頼性が担保できなくなるからです（このことを**独立性**といいます）。また監査人には、職業的専門家としての高度な専門知識が求められます。

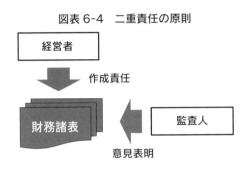

図表 6-4　二重責任の原則

現在の日本の会計制度では、金融商品取引法において、有価証券報告書などに含まれる財務諸表について監査が求められています。また、会社においても、大会社（資本金5億円以上、または負債200億円以上の企業）等が作成する計算書類（および連結計算書類）について監査が求められています。

（2）財務諸表監査の流れ

　監査人が財務諸表にまったく誤りがなく作成されているか、すべての項目や作業をチェックすることは膨大な時間がかかります。したがって監査人は、財務諸表の利用者が判断を間違えるような大きな誤り（**虚偽表示**といいます）がないか、という観点からチェックをする範囲や方法を定め、監査計画を策定します。そして監査計画に従い、実際に手続（チェック）を行っていくわけです。監査人がチェックのために行う手続のことを**監査手続**、チェックに際して入手した証拠のことを**監査証拠**といいます。

　監査の結果については、監査意見が記された**監査報告書**が企業に提出されます。監査人は監査を実施した結果、経営者の作成した財務諸表が、「一般に公正妥当と認められる企業会計の基準に準拠して、企業の財政状態、経営成績及びキャッシュフローの状況の全ての重要な点において、適正に表示していると認められる」と判断したときは、**無限定適正意見**を監査意見として

表明します。しかし、監査を実施している過程で重要な虚偽表示が検出された場合や、計画していた手続などができない場合もあります。このような場合には、監査人は経営者と協議を行うなどの対応を行いますが、最終的に状況が変わらない場合には、その状況に応じて、限定付適正意見または不適正意見とする監査意見を表明します。重要な監査手続が実施できず、意見表明の合理的な基礎を確かめたと監査人が判断できない場合には、監査の結論を「意見不表明」とする監査報告書が作成されます。

　このように監査は会計制度を維持していく上で重要な仕組みであることから、監査の品質を維持するために**監査基準**が設定されています。監査基準は、監査人が財務諸表監査を実施するに際して必ず遵守しなければならない監査の規範となります。

> **Column**

監査の語源

　監査とは英語で「Audit」といい、その語源はラテン語の「Auditus（聴く）」といわれています。皆さんが音楽などを聴かれる Audio も同じですよね。監査では、会計担当者にどのような考えでその会計処理を行ったのかを聴取したり、関係する部署の担当者に業務内容を聴取したりすることが多く行われます。また、監査の過程では経営者へのヒアリングなども行います。監査において聴くこと（聞くこと）はとても重要なのです。

---

4 サステナビリティ情報の開示

　有価証券報告書には財務諸表だけでなく、事業の概要、設備の状況、経営戦略・経営課題や事業のリスクなど、投資家の意思決定に資する多くの情報が記載されており、これらの情報のことを**非財務情報**といいます。第1章では、企業は利益を上げることだけではなく、社会的な課題への取組みも重視されていることを説明しました。最近では、サステナビリティに関する企業

の取組みが経営の中心的課題となり、ステークホルダーの関心も高まっています。サステナビリティとは、東京証券取引所が公表しているコーポレートガバナンス・コードでは、「ESG 要素を含む中長期的な持続可能性」とされています。本節では、**サステナビリティ情報の開示**に関する動向について説明します。

(1) サステナビリティ情報の重要性と開示

　2006 年に国連のコフィ・アナン事務総長（当時）は、**責任投資原則**（PRI：Principles for Responsible Investment）を発表し、投資の意思決定に **ESG（環境、社会、企業統治）** を組み入れることが提唱されました。その後、世界中の多くの機関投資家が責任投資原則に署名し、日本では、2015 年に日本の公的年金の運用機関である年金積立金管理運用独立行政法人（GPIF）が署名したことを受け、ESG は本格的に広がりました。また、2015 年に国連で採択された「持続可能な開発のためのアジェンダ」の中において、**SDGs**（Sustainable Development Goals）が提言されました。SDGs では 17 の開発目標と 169 のターゲットが設定されており、企業も社会の一員としてその達成に向けた取組みが求められています。このような取組みには、気候変動を始め、各種ハラスメントや差別（人種、信条、性別等）、グローバルサプライチェーンにおける児童労働、長時間労働や過労死などのさまざまな問題への対応が含まれています。

　このように、企業の社会的な課題への取組みは重要視されており、企業は自社の取組み状況をステークホルダーに説明していかなければなりません。このため、企業は有価証券報告書などの制度上の報告書だけでなく、**環境報告書**や**統合報告書**を作成してホームページ上などにおいて公表しているケースが増えています。これらの報告書は企業が自発的に行うものですので、企業が自社の取組みについて説得力のある説明を行うことが重要となります。

　日本では、2023 年より有価証券報告書において、「サステナビリティに関する考え方や取組み」の記載欄（**サステナビリティ情報の開示**）が新設され、企業の取組み状況について開示が求められるようになりました。金融庁が示

した資料では、サステナビリティ情報には、例えば、環境、社会、従業員、人権の尊重、腐敗防止、贈収賄防止、ガバナンス、サイバーセキュリティ、データセキュリティなどに関する事項が含まれ得るとしています。企業における社会的な課題への取組み状況の可視化が期待されています。

(2) 気候関連財務情報の開示

　現代の社会において、特にステークフォルダーの関心が高いテーマが気候変動の問題です。地球温暖化や台風、洪水などの大災害は現実の問題として直面しており、企業活動にも大きな影響を与えます。国際社会では2015年にパリにて開催された国連気候変動枠組条約締結国会議（COP21）において、2020年以降の温室効果ガス排出削減等のための新たな国際枠組みとして、パリ協定が採択されました。

　2015年には、金融安定理事会（FSB）が20カ国財務大臣・中央銀行総裁会議（G20）の勧告を受け、気候関連財務情報開示タスクフォース（TCFD：Task Force on Climate-related Financial Disclosures）を設立しました。TCFDでは、2017年に報告書を公表し、気候変動が企業財務に及ぼす影響に関する情報開示の枠組みを示しました。その中において、気候変動関連情報開示の中核的要素として、図表6-5の通り4つの項目が示されています。

図表 6-5　TCFD による気候変動関連情報開示の中核的要素

項目	概要
ガバナンス	気候関連のリスクと機会に関する組織のガバナンス
戦略	気候関連のリスクと機会が組織の事業、戦略、財務計画に及ぼす実際の影響と潜在的な影響
リスク管理	気候関連リスクを特定し、評価し、マネジメントするために組織が使用するプロセス
指標と目標	関連する気候関連のリスクと機会の評価とマネジメントに使用される指標と目標

出所：TCFD「気候関連財務情報開示タスクフォースの提言」（サステナビリティ日本フォーラム私訳第2版）より抜粋

また、戦略の項目については、さまざまな気候関連シナリオについて、シナリオ分析に基づく検討を行うことも示されています。日本においても、当該枠組みに従い、自社の気候変動に関する取組みの状況を統合報告書などにより開示している企業が増加しています。

Column

サステナビリティ情報の開示に関する国際的な動向

　日本では、有価証券報告書などにおけるサステナビリティ情報の開示が開始されましたが、国際的な議論も進んでいます。2021年には国際サステナビリティ基準審議会（ISSB）が設立され、2023年にはIFRS S1号「サステナビリティ関連財務情報の開示に関する全般的要求事項」およびIFRS S2号「気候関連開示」が公表されました。日本においても、国際的なISSBの設立を受け、2022年にサステナビリティ基準委員会が設立されています。国際的な基準と整合した開示が行われるように議論が進むことが期待されています。

5　神田飲料株式会社における対応

　神田飲料株式会社では、機関投資家からの質問に対して社内で協議を行い、対応方針を検討しました。

(1) IFRSへの移行

　現在適用されている日本基準からIFRSに移行した場合の影響について分析しました。大きな点では保有している投資有価証券（357億円）について、処理が変わることがわかりました。これ以外にも退職給付に関する会計処理などにも影響がありそうです。また、現状米国にある海外子会社の決算期は親会社とは異なっているのですが、IFRSでは親会社と同一にする必要があるため、決算期の変更も必要になることもわかりました。IFRSに変更することは、現在の決算業務にはかなり大きな影響がありそうです。一方、

IFRSに変更することにより、海外からの投資は増え、将来の資金調達においては有利に働く可能性もあることもわかりました。

　現時点では、社内にプロジェクトチームを設け、監査人とも協議を行いながら、継続的に検討を進めることとしました。

（2）気候変動に関する対応状況の開示

　気候変動は神田飲料株式会社においても重要な課題であり、飲料メーカーとして水資源やコーヒーなどの原材料への確保には最優先課題として取り組んできました。また、工場や自販機ビジネス（補充のためのトラック輸送も含む）から排出されるCO_2の削減についても、積極的に取り組んできました。神田飲料株式会社では、CO_2排出削減目標の設定を行い、気候変動への対応を含めた社会課題への対応のため、サステナビリティ委員会を設置しています。同委員会では、全社での活動状況について管理を行い、その内容は定期的に取締役会に報告されています。

　このような取組みについて、同社ではこれまで独自の視点で統合報告書において公表を行ってきました。今後は、現在の同社の取組みについて、国際的なフレームワークであるTCFDの枠組みに基づき整理を行い、有価証券報告書および統合報告書において公表していくこととしました。また、戦略については2℃シナリオによるシナリオ分析を行い、事業に与えるリスクや機会について検討を行うこととしました。

　今後も、関係する制度の状況を踏まえ、サステナビリティ委員会を中心に対応を行っていくこととしました。

確認問題

【問題1】

会社法と金融商品取引法における開示制度の目的とその概要について説明しなさい。

【問題2】

会計基準の国際化の動向について説明しなさい。

【問題3】

財務諸表監査の目的について説明しなさい。

〈参考文献〉

伊藤邦雄（2020）『新・現代会計入門（第4版）』日本経済新聞出版社

企業会計審議会（2023）「企業会計審議会・第10回会計部会　事務局説明資料（国際会計基準に関する対応）」

気候関連財務情報開示タスクフォース（TCFD）（2017）「最終報告書　気候関連財務情報開示タスクフォースの提言」（サステナビリティ日本フォーラム私訳第2版）

金融庁（2023）「記述情報の開示に関する原則（別添）―サステナビリティ情報の開示について―」

桜井久勝（2022）『財務会計講義（第23版）』中央経済社

東京証券取引所（2021）「コーポレートガバナンス・コード（2021年6月版）」

日本証券取引所グループ（2022）「2021年度株式分布状況調査（資料集）」

鳥羽至英（2009）『財務諸表監査　理論と制度』国元書房

橋本尚・山田善隆（2022）『IFRS会計学基本テキスト（第7版）』中央経済社

第 7 章

財務比率分析①
－財務諸表分析の必要性と安全性、
収益性の分析－

―本章のねらい―

◇財務諸表分析の必要性と分析の視点を理解する。

◇構成比分析を理解し、財務諸表の特徴を把握できる。

◇安全性の分析と収益性の分析を行い、企業の状況を評価できる。

③財務諸表から企業の状態を明らかにしよう！

　飲料業を営む神田飲料株式会社の経営者である伊藤さんは、今年度の決算報告を経理部の担当者から受けていました。どうやら今年度は 2,600 百万円の利益を獲得したとのことです。今年度も利益が出たことに安心した伊藤さんですが、ふと次のような疑問が生じました。「たしかに今年度当社は 2,600 百万円の利益を獲得できたけれど、この結果は神田飲料にとってよい結果だったのだろうか…」。手元にある財務諸表を見てもそのことがピンときません。ただ数字が羅列してあるだけで、結果の判断ができませんでした。そこで、神田飲料の財務諸表を分析することで、当社の業績の良し悪しを把握することにしました。

1　財務諸表分析の必要性と分析の視点

　財務諸表には企業に関する情報が多く含まれているため、財務諸表を読むことで企業の現状を把握することができます。そのため、企業内外の利害関係者は財務諸表を用いてさまざまな意思決定を行っています。例えば、株主や投資家は財務諸表を読み、株式売買の判断をしています。また、債権者は企業に融資する際には、企業の利益や財産の状況を確認するために財務諸表の提出を求めています。経営者は経営管理のために財務諸表を活用しています。

　しかし、財務諸表の会計数値を見ただけでは、本当にその企業がよい状況にあるのか、それとも危険な状況にあるのか把握することはできません。そこで、**財務諸表分析**を行い、企業業績の優劣や企業の将来性を判断する必要があるわけです。

　財務諸表分析の基本は比較することです。財務諸表分析を行い、その結果を比較することで、初めて企業の強みや弱みを把握できるようになります。利害関係者が財務諸表を利用するときには、他社の財務諸表と比較したり、過去の財務諸表と比較することが一般的です。前者の分析方法を**クロスセクション分析**といい、後者を**時系列分析**といいます（図表7-1）。

図表 7-1　財務諸表分析の視点

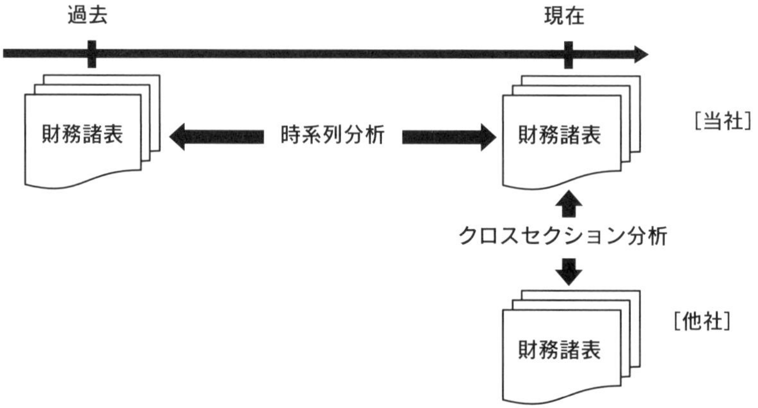

2 財務諸表の構成比分析

（1）構成比分析

　財務諸表分析を行う前に、まずは財務諸表の構造を大まかに把握することから始めましょう。財務諸表の構造を把握する方法として**構成比分析**があります。これは、総資産や売上高などベースとなる項目を100％としたとき、財務諸表の各項目をパーセント表示し、比較できるようにしたものです。構成比分析をすることで、企業の財務構造や利益の獲得要因を明らかにすることができます。

$$構成比（\%）＝\frac{財務諸表の各項目}{ベース項目}×100$$

（2）貸借対照表の構成比分析

　貸借対照表の構成比分析とは、総資産を100％としたときの貸借対照表の各項目の割合を示したものです。これを**百分率貸借対照表**といいます。それでは、実際に貸借対照表の構成比分析を行ってみましょう。ここでは、同じ

運送業に属するカッツェ運輸株式会社とEMホールディングスの2社を取り上げることにします。2社の百分率貸借対照表を示すと図表7-2の通りです。

カッツェ運輸の資産の部を見ると、流動資産（47.14％）よりも固定資産（52.86％）の割合が多く、特に有形固定資産（42.71％）を多く保有していることがわかります。カッツェ運輸は運送業に属するため、営業所などの建物やトラックなどの車両を多く保有しているためだと考えられます。一方、負債・純資産の部を見ると、負債（32.39％）よりも純資産（67.61％）の割合が高く、返済義務のない純資産から資金を調達しているといえます。

EMホールディングスの資産の部を見ると、流動資産（37.77％）よりも固定資産（62.23％）の割合が高く、有形固定資産（48.59％）に多く投資しています。運送業は多くの固定資産を保有している点に特徴があるといえま

図表 7-2　貸借対照表の構成比分析

連結貸借対照表

カッツェ運輸株式会社　　　　　　　　20X6年3月31日　　　　　　　　（単位：百万円）

資　産			負　債		
流動資産	586,850	47.14%	**流動負債**	298,450	23.97%
現金預金	179,000	14.38%	買掛金・支払手形	108,400	8.71%
売掛金・受取手形	255,400	20.51%	短期借入金	79,500	6.39%
棚卸資産	139,800	11.23%	未払法人税等	57,300	4.60%
その他流動資産	12,650	1.02%	その他流動負債	53,250	4.28%
固定資産	658,150	52.86%	**固定負債**	104,800	8.42%
有形固定資産	531,800	42.71%	長期借入金	67,820	5.45%
建物	188,000	15.10%	その他固定負債	36,980	2.97%
車両運搬具	191,000	15.34%	**負債合計**	403,250	32.39%
土地	115,800	9.30%	純資産		
その他有形固定資産	37,000	2.97%	**株主資本**	584,300	46.93%
無形固定資産	55,770	4.48%	資本金	193,000	15.50%
ソフトウェア	46,500	3.73%	資本剰余金	54,200	4.35%
その他無形固定資産	9,270	0.74%	利益剰余金	396,500	31.85%
投資その他の資産	70,580	5.67%	△自己株式	△59,400	△4.77%
投資有価証券	58,000	4.66%	**その他包括利益累計額**	83,580	6.71%
敷金・差入保証金	2,420	0.19%	**非支配株主持分**	173,870	13.97%
その他の資産	10,160	0.82%	**純資産合計**	841,750	67.61%
資産合計	1,245,000	100.00%	**負債・純資産合計**	1,245,000	100.00%

連結貸借対照表

EM ホールディングス　　　　　20X6 年 3 月 31 日　　　　　　　（単位：百万円）

資　　産			負　　債		
流動資産	396,600	37.77%	**流動負債**	411,700	39.21%
現金預金	109,520	10.43%	買掛金・支払手形	153,700	14.64%
売掛金・受取手形	175,600	16.72%	短期借入金	162,000	15.43%
棚卸資産	52,580	5.01%	未払法人税等	55,000	5.24%
その他流動資産	58,900	5.61%	その他流動負債	41,000	3.90%
固定資産	653,400	62.23%	**固定負債**	266,000	25.33%
有形固定資産	510,150	48.59%	長期借入金	173,000	16.48%
建物	215,300	20.50%	その他固定負債	93,000	8.86%
車両運搬具	183,000	17.43%	**負債合計**	677,700	64.54%
土地	110,000	10.48%	純資産		
その他有形固定資産	1,850	0.18%	**株主資本**	262,300	24.98%
無形固定資産	23,650	2.25%	資本金	98,000	9.33%
ソフトウェア	21,600	2.06%	資本剰余金	27,300	2.60%
その他無形固定資産	2,050	0.20%	利益剰余金	138,200	13.16%
投資その他の資産	119,600	11.39%	△自己株式	△ 1,200	△ 0.11%
投資有価証券	72,000	6.86%	**その他包括利益累計額**	67,000	6.38%
敷金・差入保証金	20,600	1.96%	**非支配株主持分**	43,000	4.10%
その他の資産	27,000	2.57%	**純資産合計**	372,300	35.46%
資産合計	1,050,000	100.00%	**負債・純資産合計**	1,050,000	100.00%

　す。一方、負債と純資産を見ると、純資産（35.46 ％）よりも負債（64.54 ％）の割合が高く、銀行から多くの資金を調達しているといえます。

（3）損益計算書の構成比分析

　損益計算書の構成比分析は、売上高をベース項目としたときの各項目の割合を示したものです。これを**百分率損益計算書**といいます。2 社の百分率損益計算書を示すと図表 7-3 の通りです。

　カッツェ運輸の百分率損益計算書を見ると、売上高に占める売上原価（70.49 ％）と販売費及び一般管理費（24.24 ％）の割合が非常に高くなっています。運送業ではドライバーの人件費や燃料代などが売上原価に含まれるため、高くなる傾向にあります。一方、営業外収益や特別利益等の割合は低く、営業利益（5.27 ％）と税金等調整前当期純利益（5.65 ％）はほとんど変化していないため、カッツェ運輸は主に運送サービスから利益を獲得してい

るといえます。

　EM ホールディングスも売上原価（68.94 %）や販売費及び一般管理費
（27.87 %）の割合が高い傾向にあります。また、借入金が多く、支払利息を
含む営業外費用（0.41 %）の割合が高い点に注意が必要です。今年度は営業
利益と税金等調整前当期純利益の割合は大きく変化していませんが、利子率
が上昇した場合には、大きく利益を押し下げることになります。

図表 7-3　損益計算書の構成比分析

連結損益計算書

カッツェ運輸株式会社　20X5 年 4 月 1 日〜 20X6 年 3 月 31 日　　　（単位：百万円）

Ⅰ	売上高			2,125,000	100.00%
Ⅱ	売上原価			1,498,000	70.49%
	売上総利益			627,000	29.51%
Ⅲ	販売費及び一般管理費			515,000	24.24%
	営業利益			112,000	5.27%
Ⅳ	営業外収益				
	受取利息	1,400			
	受取配当金	2,800			
	その他営業外収益	2,000	6,200		0.29%
Ⅴ	営業外費用				
	支払利息	700			
	その他営業外費用	300	1,000		0.05%
	経常利益			117,200	5.52%
Ⅵ	特別利益				
	有価証券売却益	2,600			
	その他特別利益	1,800	4,400		0.21%
Ⅶ	特別損失				
	固定資産売却損	1,400			
	その他特別損失	200	1,600		0.08%
	税金等調整前当期純利益			120,000	5.65%
	法人税、住民税および事業税			36,000	1.69%
	当期純利益			84,000	3.95%

連結損益計算書

EM ホールディングス　20X5 年 4 月 1 日 〜 20X6 年 3 月 31 日　　　（単位：百万円）

Ⅰ	売上高		2,350,000	100.00%
Ⅱ	売上原価		1,620,000	68.94%
	売上総利益		730,000	31.06%
Ⅲ	販売費及び一般管理費		655,000	27.87%
	営業利益		75,000	3.19%
Ⅳ	営業外収益			
	受取利息	300		
	受取配当金	1,150		
	その他営業外収益	250	1,700	0.07%
Ⅴ	営業外費用			
	支払利息	8,500		
	その他営業外費用	1,200	9,700	0.41%
	経常利益		67,000	2.85%
Ⅵ	特別利益			
	有価証券売却益	130		
	その他特別利益	70	200	0.01%
Ⅶ	特別損失			
	固定資産売却損	1,500		
	その他特別損失	700	2,200	0.09%
	税金等調整前当期純利益		65,000	2.77%
	法人税、住民税および事業税		19,500	0.83%
	当期純利益		45,500	1.94%

3　安全性の分析

（1）短期の安全性分析

　貸借対照表を分析することで、企業の倒産可能性を評価できます。これを**安全性の分析**といいます。会計学では企業は倒産しないことを前提としていますが、毎年多くの企業が倒産しています。企業が倒産した場合には、株主や投資家は配当金を受け取れなくなるだけでなく、出資金も回収できなくなります。銀行も融資した資金を回収できませんし、従業員は働き場所を失います。また、取引先は売掛金を回収できません。そのため、貸借対照表を分析することで、企業の倒産可能性を評価する必要があります。

　安全性の分析は、短期の安全性分析と長期の安全性分析に分けられます。短期の安全性分析とは1年以下の支払能力を分析する方法です。これは貸借対照表の左右のバランスを見ることで明らかにすることができます。

1）流動比率

　流動比率とは、流動負債に対する流動資産のバランスを見ることで、流動負債を返済する裏付けがあるかを示す指標です。流動資産は1年以内に現金化される資産であり、流動負債は1年以内に返済する必要がある負債です。短期の安全性を分析するためには、流動資産と流動負債のバランスを見ることで明らかにすることができます。一般的に流動比率は100％を超えていれば安全であると判断できます。

$$流動比率（\%）= \frac{流動資産}{流動負債} \times 100$$

2）当座比率

　当座比率とは、当座資産と流動負債を比較することで、当座資産を流動負債の返済に充てることができるかを示す指標です。当座資産とは、流動資産から棚卸資産を除いたものです。棚卸資産は他の流動資産と比べて現金化されるまで時間がかかることから、流動資産から除くことで、より正確に安全性を評価することができます。当座比率は100％以上が理想的といわれています。

$$当座比率（\%）= \frac{当座資産}{流動負債} \times 100$$

設例7-1 次の資料を用いて、カッツェ運輸とEMホールディングスの流動比率と当座比率を計算しなさい。

《資料》

	カッツェ運輸	EMホールディングス
流動資産	586,850	396,600
当座資産	447,050	344,020
流動負債	298,450	411,700

解答・解説

・流動比率

$$カッツェ運輸(\%) = \frac{586,850}{298,450} \times 100 = 196.63\%$$

$$EMHD(\%) = \frac{396,600}{411,700} \times 100 = 96.33\%$$

・当座比率

$$カッツェ運輸(\%) = \frac{447,050}{298,450} \times 100 = 149.79\%$$

$$EMHD(\%) = \frac{344,020}{411,700} \times 100 = 83.56\%$$

カッツェ運輸の流動比率と当座比率は100％を超えているため、1年以内の支払能力に問題はないでしょう。一方、EMホールディングスの流動比率と当座比率のいずれも目安となる基準を下回っており、1年以内の支払能力に少し疑念が残ります。貸借対照表を見てみると、どうやら短期借入金が影響を与えているようです。

(2) 長期の安全性分析

長期の安全性分析とは、固定資産の資金調達に関して、財務体質の安全・健全性を分析する方法です。これは固定資産と純資産・負債のバランスを見ることで評価できます。

1）固定比率

　固定比率とは、固定資産と純資産を比較することで、固定資産を返済義務のない純資産で調達できているかを示す指標です。固定資産は、通常長期間にわたって営業活動で使用する資産であるため、流動負債から資金を調達すべきではありません。そのため、固定資産を返済義務のない純資産から調達できているならば、長期の安全性を維持しつつ、企業を維持できます。固定比率は100％以下であることが望ましいです。

$$固定比率（\%）＝\frac{固定資産}{純資産}×100$$

2）固定長期適合率

　固定長期適合率とは、純資産だけでなく固定負債を分母に加えることで、固定資産の調達資金が長期的な資金で確保できているかを示す指標です。固定資産を多く保有する企業は純資産だけで調達できません。この場合には、返済まで期間を有する固定負債から資金を調達すべきです。固定長期適合率は固定比率の補助的な指標であり、100％以下であることが望ましいです。

$$固定長期適合率（\%）＝\frac{固定資産}{純資産＋固定負債}×100$$

3）自己資本比率

　自己資本比率とは、総資産のうち自己資本が占める割合を示す指標です。これは、負債と純資産の関係を示したものであり、自己資本比率が高いほど負債の割合が小さいことを意味しています。自己資本比率が低い場合、負債の返済を求められた場合には、企業を継続することが困難になります。そのため、負債が多いほど倒産可能性は高くなります。自己資本比率は50％以上が望ましいです。本来、自己資本と純資産は異なる概念ですが、ここでは自己資本と純資産はともに株主に帰属する資本の部分であるため、同じものとして取り扱います。

$$自己資本比率（\%）= \frac{純資産}{総資産} \times 100$$

設例 7-2 次の資料を用いて、カッツェ運輸と EM ホールディングスの固定比率、固定長期適合率および自己資本比率を計算しなさい。

《資料》

	カッツェ運輸	EM ホールディングス
固定資産	658,150	653,400
固定負債	104,800	266,000
総資産	1,245,000	1,050,000
純資産	841,750	372,300

解答・解説

・固定比率

$$カッツェ運輸（\%）= \frac{658,150}{841,750} \times 100 = 78.19\%$$

$$EMHD（\%）= \frac{653,400}{372,300} \times 100 = 175.50\%$$

・固定長期適合率

$$カッツェ運輸（\%）= \frac{658,150}{841,750+104,800} \times 100 = 69.53\%$$

$$EMHD（\%）= \frac{653,400}{372,300+266,000} \times 100 = 102.37\%$$

・自己資本比率

$$カッツェ運輸（\%）= \frac{841,750}{1,245,000} \times 100 = 67.61\%$$

$$EMHD（\%）= \frac{372,300}{1,050,000} \times 100 = 35.46\%$$

2社の長期の安全性分析した結果、カッツェ運輸はいずれも基準となる目安を

下回っていますので、長期的に安全性に問題はなさそうです。一方、EM ホールディングスはいずれも目安を下回っており、長期の安全性にも問題あるといえます。やはり、借入金が多いことが安全性を下げている要因のようです。

4 収益性の分析

損益計算書を用いた分析方法として**収益性分析**があります。収益性分析とは、企業が投資金額に対してどれだけの利益を獲得できる能力があるかを分析する方法です。収益性は利益÷資本で計算できます。どの利益と資本を用いるかにより、さまざまな収益性分析を行うことができます。資本とは株主などの資金提供者が拠出した部分をいい、純資産や総資産などがこれに該当します。収益性の分析では、資本は期中平均値を用いることが理論的に正しいのですが、ここでは、期末資本を用いて説明します。

(1) ROA

企業の総合的な評価指標として **ROA**（Return on Asset：総資産利益率）があります。企業は株主や金融機関から調達した資金を使って、さまざまな資産に投資しています。投資した資産は主に営業活動や金融活動などで使用されます。運送業であれば、調達した資金をトラックの購入や営業所の設置だけでなく、企業間の連携を強めるために株式を購入することも考えられます。そのため、企業活動に投資された総資産から得られたリターンとして、営業活動の成果である営業利益と金融活動の成果である受取利息や受取配当金・有価証券利息・持分法による投資損益を加味した**経営利益**を利益として用います。ROA は総資産に対する経営利益の割合を示しており、次の計算式から計算できます。

$$ROA(\%) = \frac{経営利益}{総資産} \times 100$$

設例 7-3 次の資料を用いて、カッツェ運輸と EM ホールディングスの ROA を計算しなさい。

《資料》

	カッツェ運輸	EM ホールディングス
営業利益	112,000	75,000
受取利息	1,400	300
受取配当金	2,800	1,150
総資産	1,245,000	1,050,000

解答・解説

$$カッツェ運輸（\%）= \frac{112,000+1,400+2,800}{1,245,000} \times 100 = 9.33\%$$

$$EMHD（\%）= \frac{75,000+300+1,150}{1,050,000} \times 100 = 7.28\%$$

　運送業の ROA の業種平均値（2022 年度）は 0.49 ％であり、いずれの企業も業界平均を超えていますので、収益性が高いといえます。2 社を比較した場合、EM ホールディングスはカッツェ運輸よりも ROA が低くなっています。EM ホールディングスの資産構造を見ると、投資その他の資産が総資産の 11.39 ％を占めていますが、その成果である受取配当金や受取利息の割合が低くなっています。金融活動がうまくいっていないため、ROA が低くなっていると考えられます。

(2) ROE

　ROA は企業全体の収益性を分析する指標でしたが、株主の収益性を分析する指標として **ROE**（Return of Equity：自己資本利益率）があります。純資産を投下資本とした場合、自己資本と当期純利益の比として示すことができます。株主重視の経営が浸透する中で ROE の重要性が高くなっています。ROE は株主に対してどの程度の利益を獲得しているかを測る指標です。ROE は次の計算式から計算できます。

$$ROE(\%) = \frac{当期純利益}{純資産} \times 100$$

設例 7-4 次の資料を用いて、カッツェ運輸と EM ホールディングスの ROE を計算しなさい。

《資料》

	カッツェ運輸	EM ホールディングス
当期純利益	84,000	45,500
純資産	841,750	372,300

解答・解説

$$カッツェ運輸(\%) = \frac{84,000}{841,750} \times 100 = 9.98\%$$

$$EMHD(\%) = \frac{45,500}{372,300} \times 100 = 12.22\%$$

運送業の ROE の業種平均値（2022 年度）は 1.33％であり、いずれの企業も業界平均を超えており、収益性が非常に高い企業であるといえます。特に EM ホールディングは支払利息の影響により利益が低下していますが、株主から調達した資金を有効に使い、より高い ROE を生み出しているといえます。

なぜ株主は ROE を重視するのか

ROE は投資家が重視する指標の 1 つです。ROE が高まると株価も上昇する傾向にあります。日本企業は欧米と比べて ROE が低い傾向にあります。2022 年度時点で、日本企業の平均 ROE は 9.16 ％であり、米国企業の平均 ROE は 19.32 ％でした。

日本で ROE が注目されるようになったきっかけが 2014 年に公表された「持続的成長への競争力とインセンティブ―企業と投資家の望ましい関係構築―プロジェクト」（通称「伊藤レポート」）です。伊藤レポートにおいて日本企業は 8 ％を超える ROE を目指すべきであることが提唱されました。これは、日本企業は長年低収益性の状態にあり、企業価値を高めるためには、資金調達コスト（資本コスト）を上回る ROE を獲得することが重要であるためです。つまり、伊藤レポートでは経営者も投資家も ROE を意識した意思決定を行うべきであることが示されました。2022 年には 8 ％を超えていますが、まだ欧米企業との差がありますので、さらに ROE を高めていく必要がありそうです。

5 神田飲料株式会社の収益性・安全性分析

　神田飲料の経営者である伊藤さんは、自社の強みと弱みを明らかにするために、収益性と安全性の分析方法を理解しました。そこで、同業他社であり、当社のライバル企業である松原製茶の財務諸表と比較しながら、神田飲料の安全性分析と収益性分析を行うことにしました（図表 7-4）。

　神田飲料と松原製茶の安全性分析の結果は図表 7-5 の通りです。神田飲料と松原製茶の流動比率は 133.14 ％と 285.42 ％であり、当座比率は 106.67 ％と 211.64 ％でした。神田飲料も松原製茶も 1 年以内の支払能力には問題がなさそうです。神田飲料と松原製茶の固定比率は 150.26 ％と 63.20 ％であり、固定長期適合率は 88.09 ％と 46.59 ％でした。神田飲料は固定資産を純資産だけでは調達できていませんが、固定長期適合率が 100 ％以内であるため、資金の調達先として問題はなく、長期の安全性に大きな問題はなさそう

図表 7-5　2 社の分析結果

安全性の分析			収益性の分析		
	神田飲料	松原製茶		神田飲料	松原製茶
流動比率	133.14 %	285.42 %	ROA	2.63 %	5.78 %
当座比率	106.67 %	211.64 %	ROE	3.77 %	6.11 %
固定比率	150.26 %	63.20 %			
固定長期適合率	88.09 %	46.59 %			
自己資本比率	43.13 %	57.24 %			

です。

　一方、神田飲料と松原製茶の自己資本比率は 43.13 % と 57.24 % でした。神田飲料は松原製茶よりも負債の割合が高く、財務安全性は松原製茶よりも低そうです。神田飲料は借入金を返済するか、さらに利益を獲得することで純資産を増加させるなどの対策を考える必要はありそうです。

　収益性分析の結果、神田飲料の ROA と ROE は 2.63 % と 3.77 % であり、松原製茶の ROA と ROE は 5.78 % と 6.11 % でした。神田飲料は、松原製茶と比べて収益性が低いことがわかります。神田飲料は松原製茶よりも売上原価の割合が高く、利益を押し下げています。神田飲料は飲料の企画・開発を行い、原材料を製造委託先に提供しており、原材料の価格が大きな影響を与えています。最近は原材料が高騰しています。また、神田飲料は多くの投資有価証券を保有していますが、受取配当金や受取利息の割合が低く、ROAを低下させています。そのため、神田飲料は原材料高騰への対応と、金融活動に対する戦略を見直す必要がありそうです。

図表 7-4　2社の財務諸表

連結貸借対照表

神田飲料株式会社

20X6 年 3 月 31 日　　　　　　　　（単位：百万円）

資産	金額	負債・純資産	金額
流動資産	56,320	**流動負債**	42,300
現金預金	26,400	買掛金・支払手形	22,500
売掛金・受取手形	18,240	短期借入金	19,800
棚卸資産	11,200	**固定負債**	48,700
その他流動資産	480	長期借入金	39,760
固定資産	103,680	その他固定負債	8,940
有形固定資産	59,580	**負債合計**	91,000
建物	52,080	**株主資本**	66,330
土地	7,500	資本金	19,500
無形固定資産	8,340	資本剰余金	2,100
ソフトウェア	2,720	利益剰余金	48,000
その他無形固定資産	5,620	△自己株式	△ 3,270
投資その他の資産	35,760	**その他包括利益累計額**	2,310
投資有価証券	35,760	**非支配株主持分**	360
		純資産合計	69,000
資産合計	160,000	**負債・純資産合計**	160,000

連結損益計算書

神田飲料株式会社

20X5 年 4 月 1 日～ 20X6 年 3 月 31 日　　　　（単位：百万円）

I	売上高			132,000
II	売上原価			85,800
		売上総利益		46,200
III	販売費及び一般管理費			42,900
		営業利益		3,300
IV	営業外収益			
	受取利息		150	
	受取配当金		750	900
V	営業外費用			
	支払利息		820	
	その他営業外費用		480	1,300
		経常利益		2,900
VI	特別利益			
	有価証券売却益		1,014	1,014
VII	特別損失			
	固定資産売却損		200	200
		税金等調整前当期純利益		3,714
	法人税、住民税および事業税			1,114
		当期純利益		2,600

連結貸借対照表

松原製茶

20X6 年 3 月 31 日　　　　　　　　（単位：百万円）

資産	金額	負債・純資産	金額
流動資産	204,250	**流動負債**	71,560
現金預金	95,000	買掛金・支払手形	59,440
売掛金・受取手形	56,400	短期借入金	12,120
棚卸資産	52,800	**固定負債**	65,280
その他流動資産	50	長期借入金	61,440
固定資産	115,750	その他固定負債	3,840
有形固定資産	101,200	**負債合計**	136,840
建物	78,800	**株主資本**	173,200
土地	22,400	資本金	26,230
無形固定資産	8,640	資本剰余金	18,240
ソフトウェア	3,200	利益剰余金	133,000
その他無形固定資産	5,440	△自己株式	△ 4,270
投資その他の資産	5,910	**その他包括利益累計額**	7,470
投資有価証券	5,910	**非支配株主持分**	2,490
		純資産合計	183,160
資産合計	320,000	**負債・純資産合計**	320,000

連結損益計算書

松原製茶

20X5 年 4 月 1 日 ～ 20X6 年 3 月 31 日　　　　（単位：百万円）

Ⅰ	売上高			396,000
Ⅱ	売上原価			217,800
		売上総利益		178,200
Ⅲ	販売費及び一般管理費			161,370
		営業利益		16,830
Ⅳ	営業外収益			
	受取利息		560	
	受取配当金		1,090	1,650
Ⅴ	営業外費用			
	支払利息		120	
	その他営業外費用		1,290	1,410
		経常利益		17,070
Ⅵ	特別利益			
	有価証券売却益		250	250
Ⅶ	特別損失			
	固定資産売却損		1,320	1,320
		税金等調整前当期純利益		16,000
	法人税、住民税および事業税			4,800
		当期純利益		11,200

次の資料に基づいて安全性分析および収益性分析をしなさい。なお、小数点第2位を四捨五入すること。

《企業情報》

・当社は日用家電の製造販売を行う企業である。

・電気機器業界のROAとROEの平均は5.1％と6.2％だった。

《財務データ》

流動資産	当座資産	固定資産	流動負債	固定負債
3,500	2,900	8,500	2,670	5,340
純資産	総資産	経営利益	当期純利益	
5,200	12,000	910	420	

《分析結果》

安全性の分析		
流　　　動　　　比　　　率		％
当　　　座　　　比　　　率		％
固　　　定　　　比　　　率		％
固　定　長　期　適　合　率		％
自　己　資　本　比　率		％
収益性の分析		
R　　　O　　　A		％
R　　　O　　　E		％

〈参考文献〉

乙政正太（2019）『財務諸表分析（第3版）』同文舘出版

奈良沙織（2021）『企業評価論入門』中央経済社

第8章

財務比率分析②
－ ROE の分解と効率性、
成長性の分析－

―本章のねらい―

◇ ROE の要因分析として、デュポン分解を理解する。

◇ 棚卸資産と売上債権の効率性を把握する。

◇ 過去の財務諸表から成長性を分析する。

④ ROE の要因分析と将来の予想を行ってみよう！

　神田飲料株式会社の経営者である伊藤さんは、経理部より当社の財務分析結果について報告を受けていました。その結果、当社の ROE は 3.77 ％であり、競合他社である松原製茶の ROE と比較しても低いことが明らかとなりました。なにか対策をしなければなりません。しかし、なぜ両社でROE にこのような差が生じたのでしょうか。ROE の要因分析を行い、対策を検討する必要がありそうです。また、次年度以降の経営計画を立案するために、予想売上高や予想利益を求める必要があります。そのため、神田飲料の過去の推移から成長性を確認し、今後の経営計画に役立てることとしました。

1 ROE の 3 分解

　ROA や ROE は、他の企業や過去の結果と比較することでその良否を判断できます。さらに、ROE や ROA を分解することで、より詳細に企業を分析することができます。

(1) 売上高純利益率と自己資本回転率

　ROE の計算式に売上高を挿入することで、売上高純利益率と自己資本回転率に分解することができます。計算式を示すと次の通りです。

$$\text{ROE}(\%) = \frac{\text{当期純利益}}{\text{純資産}} = \underbrace{\frac{\text{当期純利益}}{\text{売上高}}}_{[\text{売上高純利益率}]} \times \underbrace{\frac{\text{売上高}}{\text{純資産}}}_{[\text{自己資本回転率}]}$$

　1 つ目の要素である**売上高純利益率**は、売上高に占める当期純利益の割合を示したものであり、企業活動の結果どれだけの利益を獲得できたかを示す指標です。例えば、売上高純利益率が 10 ％である場合、売上高 10,000 円に対して利益を 1,000 円獲得できたことを意味します。そのため、売上高純利益率が高いほど収益性が高いといえます。

　2 つ目の要素である**自己資本回転率**は、自己資本を使って、何倍の売上高を獲得できたかを示すものであり、また売上を獲得するために自己資本を効率的に使用できたかを示す指標です。自己資本が 5,000 円であり、売上高が 10,000 円であった場合、自己資本回転率は 2 回と計算されます。これは自己資本を使って 2 倍の売上高を獲得したことを意味しています。そのため、自己資本回転率は高いほど効率的であるといえます。

　なぜ ROE の分母と分子に売上高を挿入したのでしょうか。企業は仕入れた商品に利ザヤをつけて得意先に販売します。そして、回収した資金を使って再度商品を購入するという営業循環を繰り返しています。企業が獲得する利益は利ザヤの大きさとその営業循環の回数により決定されるわけです。そ

のため、ROE に売上高を挿入し、売上高純利益率と自己資本回転率に分解することで、その要因を分析しようとしているのです。

設例 8-1 次の資料を用いて、ROE を売上高純利益率、自己資本回転率に分解しなさいなさい。

《資料》

	カッツェ運輸	EM ホールディングス
売上高	2,125,000	2,350,000
当期純利益	84,000	45,500
純資産	841,750	372,300
ROE	9.98 %	12.22 %

解答・解説

$$カッツェ運輸(\%) = \frac{84,000}{2,125,000} \times \frac{2,125,000}{841,750} = 3.95\% \times 2.52回$$

$$EMHD = \frac{45,500}{2,350,000} \times \frac{2,350,000}{372,300} = 1.94\% \times 6.31回$$

　カッツェ運輸は配送サービスを提供することで、3.95 % の利ザヤを稼ぎ、営業循環を 2.52 回転した結果、9.98 % の ROE を獲得したといえます。一方、EM ホールディングスは配送サービスの提供により 1.94 % の利ザヤを稼ぎ、営業循環を 6.31 回転した結果、12.22 % の ROE を獲得しています。カッツェ運輸は運輸サービスから多くの利益を獲得することで ROE を高めていますが、EM ホールディングスは自己資本の効率性を高めることで ROE を高めています。

(2) 財務レバレッジ

　ROE は売上高純利益率と自己資本回転率に分解できますが、資本構成の影響を考慮に入れると、ROE を 3 つに分解することができます。この分解

は、米国のデュポン社が最初に導入したものであり、デュポン分解ともいわれます。

$$\text{ROE}(\%) = \frac{\text{当期純利益}}{\text{純資産}} = \frac{\text{当期純利益}}{\text{売上高}} \times \frac{\text{売上高}}{\text{総資産}} \times \frac{\text{総資産}}{\text{純資産}}$$

[売上高純利益率] × [総資産回転率] × [財務レバレッジ]

　ROE は売上高純利益率と総資産回転率、**財務レバレッジ**の3つに分解できます。総資産回転率は自己資本回転率と同じく効率性を示す指標であり、総資産を使って何倍の売上高を生み出すことができたかを示しています。また、財務レバレッジとは、総資産が純資産の何倍あるかを示す指標です。総資産と純資産は負債が含まれるか否かの点で異なります。そのため、財務レバレッジが高いほど負債の割合が高いことを意味しており、負債から資金を調達することで企業規模を拡大させているといえます。財務レバレッジを高めることでROE は高くなりますが、負債も増加するため企業の安全性に問題が生じます。

設例 8-2 次の資料を用いて、ROE を3分解しなさい。

《資料》

	カッツェ運輸	EM ホールディングス
売上高	2,125,000	2,350,000
当期純利益	84,000	45,500
総資産	1,245,000	1,050,000
純資産	841,750	372,300
ROE	9.98 %	12.22 %

解答・解説

$$\text{カッツェ運輸} = \frac{84,000}{2,125,000} \times \frac{2,125,000}{1,245,000} \times \frac{1,245,000}{841,750} = 3.95\% \times 1.71回 \times 1.48倍$$

$$\text{EMHD} = \frac{45,500}{2,350,000} \times \frac{2,350,000}{1,050,000} \times \frac{1,050,000}{372,300} = 1.94\% \times 2.24 \text{回} \times 2.82 \text{倍}$$

　カッツェ運輸は3.95％の利ザヤを稼ぎ、営業循環を1.71回転させています。そして、企業規模を1.48倍することで、9.98％のROEを獲得しています。EMホールディングスは1.94％の利ザヤを稼ぎ、営業循環を2.24回転させ、企業規模を2.82倍にすることで12.22％のROEを獲得しています。EMホールディングスはカッツェ運輸よりも収益性は低いですが、効率性を高めるだけでなく、負債を用いて企業規模を2倍にすることで、カッツェ運輸よりもROEを高めています。

Column

プロフォーマ利益

　経営者や株主が重視する指標としてROEがあります。ROEは会計基準に準拠した財務諸表をベースに計算されます。しかし、企業のホームページを見ていると EBIT や EBITDA などを公表している企業が多くあります。これらは会計基準に準拠せずに計算した利益であり、プロフォーマ利益と呼ばれています。ROEは、会計処理の違いや資金構成から影響を受けるため、企業を正しく比較することができません。そのため、企業が独自に計算し、公表することで、国際的な比較ができるようにしているのです。

---

(3) ROIC

　投資家の間ではROEに加えて、**ROIC**（Return on Invested Capital：投下資本利益率）が注目を集めています。ROICとは、事業に投下した資金がどのくらい利益を獲得したかという投資効率を示す指標であり、投下資本に対する税引後営業利益の比として計算することができます。投下資本とは有利子負債と純資産の合計額をいいます。ROICは高いほど投資効率が高く、収益性も高いことを示しています。ROICは次の計算式から計算できます。

$$\text{ROIC} (\%) = \frac{\text{税引後営業利益}}{\text{投下資本}} \times 100$$

ROIC は ROE の弱点を改善することができます。投資家や経営者は ROE に注目していますが、ROE は財務レバレッジを高めることで簡単に改善できます。企業は企業価値を高めるために ROE を改善するのですが、ROE を改善することが企業の目的となっている場合があります。この場合には、ROE が企業の実情を示しているか疑問が残ります。また、現在では資本市場を意識した経営が求められています。ROE を目標数値とする企業も多くありますが、事業部門ごとに計算できません。そのため、経営者と従業員の間で目標が共有できないという問題があります。それに対して、ROIC は財務レバレッジの影響は受けないため、ROE よりも企業の実情を示すことができます。また、ROIC は事業部門ごとにも計算できるため、事業部ごとに目標値を設定することで、社内管理に用いることができます。

設例 8-3 次の資料を用いて、ROIC を計算しなさい。なお、有利子負債は短期借入金と長期借入金の合計とする。なお、法人税の税率は 30 % とする。

《資料》

	カッツェ運輸	EM ホールディングス
営業利益	112,000	75,000
短期借入金	79,500	162,000
長期借入金	67,820	173,000
純資産	841,750	372,300

解答

$$\text{カッツェ運輸} = \frac{112,000 \times (1 - 30\%)}{(79,500 + 67,820 + 841,750)} = 7.93\%$$

$$\text{EMHD} = \frac{75,000 \times (1 - 30\%)}{(162,000 + 173,000 + 372,300)} = 7.42\%$$

2 効率性の分析

　効率性の分析とは、資産を効率的に使用し、より多くの売上を獲得できたのかを示す分析をいいます。効率性の分析には、資産が何倍の売上高を生み出したかを示す回転率の分析と、資産が1回転するまでの期間を分析する回転日数の分析があります。総資産回転率は企業全体の効率性を示す指標でしたが、総資産を分解し、資産ごとに効率性を分析することも重要です。回転率は高いほど、回転期間は短いほど効率的であるといえます。

（1）棚卸資産回転率と棚卸資産回転期間

　棚卸資産回転率とは棚卸資産の効率性を示す指標であり、売上高を棚卸資産で除すことで算定できます。棚卸資産が1回転することで売上を獲得するため、どの企業においても棚卸資産回転率を確認することは重要です。棚卸資産回転率が高いほど、在庫が効率的に捌けていることを示しますが、棚卸資産回転率が低下した場合には在庫が増加していることを示しています。

　棚卸資産回転期間は、棚卸資産を1日当たり売上高で除すことで算定でき、棚卸資産が販売されるまでの平均的な日数を示しています。回転日数は在庫の回転状況を把握でき、回転日数が長くなると在庫が留まっていることを意味するため注意が必要です。

$$棚卸資産回転率（回）＝\frac{売上高}{棚卸資産}$$

$$棚卸資産回転期間（日）＝\frac{棚卸資産}{売上高÷365}$$

（2）売上債権回転率と売上債権回転期間

　売上債権回転率とは売上債権の効率性を示す指標であり、売上高を売上債権で除すことで算定できます。売上債権とは、売掛金や受取手形などの債権の合計をいいます。売上債権回転率が高いほど現金販売の割合が高いこと

や、売上債権の回収期間が早いことがわかります。一方、売上債権回転率が低い場合には、売上債権の回収が滞っている可能性があります。

売上債権回転期間は、売上債権を1日当たり売上高で除すことで算定でき、売上債権が回収されるまでの平均的な日数を示しています。売上債権回転日数は売上債権の回収状況を把握でき、売上債権回転日数が短いほど、売上債権が現金化されるまでの期間が短いことを意味しています。

$$売上債権回転率（回）= \frac{売上高}{売上債権}$$

$$売上債権回転期間（日）= \frac{売上債権}{売上高 \div 365}$$

設例 8-4 次の資料を用いて、棚卸資産回転率と棚卸資産回転期間、売上債権回転率、売上債権回転期間を計算しなさい。

《資料》

	カッツェ運輸	EM ホールディングス
売上高	2,125,000	2,350,000
棚卸資産	139,800	52,580
売上債権	255,400	175,600

解答・解説

・棚卸資産回転率と棚卸資産回転日数

$$カッツェ（回）= \frac{2,125,000}{139,800} = 15.20 \quad EMHD（回）= \frac{2,350,000}{52,580} = 44.69$$

$$カッツェ（日）= \frac{139,800}{2,125,000 \div 365} = 24.01 \quad EMHD（日）= \frac{52,580}{2,350,000 \div 365} = 8.17$$

・売上債権回転率と売上債権回転日数

$$カッツェ（回）= \frac{2,125,000}{255,400} = 8.32 \quad EMHD（回）= \frac{2,350,000}{175,600} = 13.38$$

$$カッツェ（日）= \frac{255,400}{2,125,000 \div 365} = 43.87 \quad EMHD（日）= \frac{175,600}{2,350,000 \div 365} = 27.27$$

　両社の効率性分析をした結果、棚卸資産回転率はカッツェ運輸が 15.20 回であり、EM ホールディングスが 44.69 回でした。そのため、EM ホールディングスの方が、カッツェ運輸よりも効率性が高く、在庫をうまく捌けているようです。売上債権回転率はカッツェ運輸が 8.32 回であり、EM ホールディングスが 13.38 回でした。カッツェ運輸の方が現金販売の割合が高く、売上債権の回収スピードが早いといえます。また、回転期間の分析によると、EM ホールディングスは仕入れてから売上まで 8.17 日かかり、売上から現金回収まで 27.27 日かかります。EM ホールディングスの方がカッツェ運輸よりも回転期間が短いため、効率性が高いといえます。

3　成長性の分析

　財務諸表分析は企業の現状を把握するだけでなく、将来を予測することにも役立ちます。そのためには過去の推移を見ることが重要です。過去の推移を分析することを**成長性の分析**といい、指標の推移を確認することでその傾向を捉えることができます。

　企業の成長性は、売上高や当期純利益、ROE などの前期比を計算することで明らかにできます。前期比とは、前期の実績値と当期の実績値を比較し、どの程度変化したかを示す成長率です。単年度の分析では、その年度の影響を大きく受けてしまうため傾向を捉えることが困難です。そのため、5 年間の推移を見ることが一般的といわれています。

$$前期比（\%）= \frac{当期会計数値 - 前期会計数値}{前期会計数値} \times 100$$

　カッツェ運輸の成長性を分析したものが図表 8-1 です。カッツェ運輸は売上高や本業からの成果である営業利益は過去 5 年間ともプラスであり、順調

図表 8-1　カッツェ運輸株式会社の成長性分析

	20X1 年度	20X2 年度	20X3 年度	20X4 年度	20X5 年度	平均成長率
売上高	1,916,000	1,922,000	2,000,000	2,116,000	2,125,000	2.6 %
前期比	5.6 %	0.3 %	4.1 %	5.8 %	0.4 %	
営業利益	104,000	106,400	107,500	108,000	112,000	1.9 %
前期比	9.5 %	2.3 %	1.0 %	0.5 %	3.7 %	
当期純利益	72,400	75,700	78,500	82,000	84,000	3.8 %
前期比	5.5 %	4.6 %	3.7 %	4.5 %	2.4 %	
ROE	8.39 %	8.93 %	9.36 %	9.80 %	9.98 %	4.4 %
前期比	3.3 %	6.4 %	4.8 %	4.7 %	1.9 %	
売上高純利益率	3.78 %	3.94 %	3.93 %	3.88 %	3.95 %	1.1 %
前期比	− 0.1 %	4.2 %	− 0.3 %	− 1.3 %	2.0 %	
総資産回転率	1.50	1.53	1.61	1.71	1.71	3.3 %
前期比	3.4 %	2.2 %	5.1 %	6.1 %	− 0.1 %	
財務レバレッジ	1.48	1.48	1.48	1.48	1.48	0.0 %
前期比	0.0 %	− 0.1 %	0.0 %	0.0 %	0.0 %	

に成長しています。これは 5 年間の平均成長率が 2.6 % と 1.9 % であることからも明らかです。そのため、今後も順調に成長していくことが考えられます。

　ROE も毎年増加しており、5 年平均で 4.4 % も成長しています。これは売上高純利益率と総資産回転率の成長が大きな影響を与えていると考えられます。売上高純利益率も成長していますが、20X2 年のように増加する年もあれば、20X4 年のように減少する年もあり、安定しているとはいえません。しかし、総資産回転率は 5 年平均で 3.3 % も成長しており、20X5 年を除き増加しています。そのため、カッツェ運輸は効率性を高めることで ROE を成長させているといえます。

　EM ホールディングスの成長性分析をしたものが図表 8-2 です。EM ホールディングスの売上高や営業利益は、過去 5 年間では 12.8 % と 26.7 % も成長していますが、20X2 年と 20X4 年を除きマイナス成長であり、成長性は安定していません。そのため、今後も成長し続けるかわかりません。

図表 8-2　EM ホールディングスの成長性分析

	20X1 年度	20X2 年度	20X3 年度	20X4 年度	20X5 年度	平均成長率
売上高	1,450,000	2,200,000	1,650,000	2,600,000	2,350,000	12.8 %
前期比	− 16.6 %	51.7 %	− 25.0 %	57.6 %	− 9.6 %	
営業利益	29,100	42,000	31,200	86,000	75,000	26.7 %
前期比	− 16.4 %	44.3 %	− 25.7 %	175.6 %	− 12.8 %	
当期純利益	28,500	40,500	29,500	49,900	45,500	12.4 %
前期比	− 26.0 %	42.1 %	− 27.2 %	69.2 %	− 8.8 %	
ROE	9.10 %	11.66 %	8.43 %	13.84 %	12.22 %	7.7 %
前期比	− 29.7 %	28.1 %	− 27.7 %	64.2 %	− 11.7 %	
売上高純利益率	1.97 %	1.84 %	1.79 %	1.92 %	1.94 %	− 0.4 %
前期比	− 11.3 %	− 6.3 %	− 2.9 %	7.3 %	0.9 %	
総資産回転率	1.62	2.22	1.65	2.52	2.24	8.4 %
前期比	− 20.8 %	36.8 %	− 25.6 %	53.0 %	− 11.3 %	
財務レバレッジ	2.86	2.86	2.86	2.86	2.82	− 0.3 %
前期比	0.0 %	0.0 %	0.0 %	0.0 %	− 1.3 %	

　ROE も 5 年間で 7.7 % も成長していますが、20X2 年と 20X4 年を除き増加しておらず、安定しているとはいえません。ROE を分解すると売上高純利益率や財務レバレッジは過去 5 年間で − 0.4 % と − 0.3 % であり、ほとんど成長できていません。総資産回転率は過去 5 年間で 8.4 % も成長していますが、安定的に成長しているとはいえません。そのため、EM ホールディングスは総資産回転率を高めることで ROE を 10 % 以上に保っているといえますが、今後も成長し続けるかは疑問が残るところです。

4　神田飲料株式会社の効率性・成長性分析

　神田飲料の経営者である A さんは、神田飲料のライバル企業である松原製茶と比較することで、神田飲料の強みや弱み、成長性を把握することにしました。

　両社を分析した結果、神田飲料と松原製茶の ROE は 3.77 % と 6.11 % でし

財務比率分析② 第8章

図表 8-3 ROE の要因分析

	神田飲料	松原製茶	業種平均
ROE	3.77 %	6.11 %	8.88 %
売上高純利益率	1.97 %	2.83 %	6.48 %
総資産回転率	0.83 回	1.24 回	0.63 回
財務レバレッジ	2.32 倍	1.75 倍	1.94 倍

た（図表 8-3）。なぜ神田飲料の ROE は松原製茶や業種平均よりも低いのでしょうか。ROE を分解してみると、神田飲料は財務レバレッジだけが松原製茶を上回っており、売上高純利益率や総資産回転率は下回っています。売上高純利益率は業種平均よりも低くなっています。そのため、神田飲料は企業規模を拡大させることで ROE を高めていることがわかりました。そこで、神田飲料は、飲料などの製品の付加価値を高めるとともに、必要のない資産や負債を整理する必要がありそうです。

図表 8-4 効率性分析

	神田飲料	松原製茶
総資産回転率	0.83 回	1.24 回
棚卸資産回転率	11.79 回	7.50 回
売上債権回転率	7.24 回	7.02 回
棚卸資産回転期間	30.97 日	48.67 日
売上債権回転期間	50.44 日	51.98 日

　神田飲料と松原製茶の総資産回転率は 0.83 回と 1.24 回でしたので、神田飲料は松原製茶よりも企業全体の効率性は低い傾向にあります（図表 8-4）。棚卸資産回転率や売上債権回転率は神田飲料が 11.79 回と 7.24 回であり、松原製茶は 7.50 回と 7.02 回でした。神田飲料は効率性が高い傾向にあります。また、棚卸資産回転期間と売上債権回転期間は神田飲料が 30.97 日と 50.44 日であり、松原製茶が 48.67 日と 51.98 日でした。神田飲料は仕入

図表 8-5　神田飲料会社の成長性分析

	20X1 年度	20X2 年度	20X3 年度	20X4 年度	20X5 年度	平均成長率
売上高	123,000	124,000	127,000	135,600	132,000	1.8 %
前年比	− 0.8 %	0.8 %	2.4 %	6.8 %	− 2.7 %	
営業利益	3,040	3,260	5,230	2,700	3,300	2.1 %
前年比	− 17.8 %	7.2 %	60.4 %	− 48.4 %	22.2 %	
当期純利益	4,100	4,750	5,780	3,200	2,600	− 10.8 %
前年比	32.3 %	15.9 %	21.7 %	− 44.6 %	− 18.8 %	
ROE	6.51 %	7.76 %	8.98 %	4.60 %	3.77 %	− 12.8 %
前年比	40.7 %	19.3 %	15.7 %	− 48.7 %	− 18.2 %	
売上高純利益率	3.33 %	3.83 %	4.55 %	2.36 %	1.97 %	− 12.3 %
前年比	33.3 %	14.9 %	18.8 %	− 48.1 %	− 16.5 %	
総資産回転率	0.84	0.84	0.82	0.84	0.83	− 0.4 %
前年比	3.2 %	0.4 %	− 2.5 %	2.8 %	− 2.0 %	
財務レバレッジ	2.33	2.41	2.41	2.32	2.32	− 0.2 %
前年比	2.2 %	3.3 %	− 0.1 %	− 3.8 %	0.1 %	

図表 8-6　松原製茶の成長性分析

	20X1 年度	20X2 年度	20X3 年度	20X4 年度	20X5 年度	平均成長率
売上高	320,000	314,000	328,000	355,000	396,000	5.5 %
前年比	− 3.0 %	− 1.9 %	4.5 %	8.2 %	11.5 %	
営業利益	14,200	13,700	15,700	18,900	16,830	4.3 %
前年比	− 0.7 %	− 3.5 %	14.6 %	20.4 %	− 11.0 %	
当期純利益	11,500	10,000	18,700	19,600	11,200	− 0.7 %
前年比	10.6 %	− 13.0 %	87.0 %	4.8 %	− 42.9 %	
ROE	5.56 %	5.08 %	9.40 %	10.05 %	6.11 %	2.4 %
前年比	16.0 %	− 8.7 %	85.1 %	7.0 %	− 39.2 %	
売上高純利益率	3.59 %	3.18 %	5.70 %	5.52 %	2.83 %	− 5.8 %
前年比	14.0 %	− 11.4 %	79.0 %	− 3.2 %	− 48.8 %	
総資産回転率	0.85	0.91	0.91	1.13	1.24	10.0 %
前年比	− 3.5 %	7.5 %	0.1 %	23.7 %	9.8 %	
財務レバレッジ	1.83	1.75	1.81	1.62	1.75	− 1.1 %
前年比	5.5 %	− 4.2 %	3.3 %	− 10.7 %	8.2 %	

から売上まで30.97日かかり、売上から現金回収まで50.44日かかります。そのため、神田飲料は、松原製茶よりも在庫に商品がとどまっておらず、売上債権の回収もうまくいっているようです。

　神田飲料は過去5年間で成長をしているようです（図表8-5）。売上高は過去5年間のうち3年間成長しており、5年の平均成長率も1.8％でした。しかし、営業利益は20X1年や20X4年には10％以上下落していますが、20X3年には60.4％も成長しています。売上高は今後も成長しそうですが、営業利益や当期純利益の変動が大きく、今後も安定的に成長できると予想することは難しそうです。一方、松原製茶も神田飲料と同じ傾向にありますが、売上高や営業利益は神田飲料よりも安定しており、今後も成長できそうです（図表8-6）。

　また、ROEを見ると、神田飲料は20　3年以降は成長できていないようです。売上高純利益率が大きく減少したことが原因のようです。松原製茶も売上高純利益率が減少していますので、外的な要因により減少したと考えられますが、神田飲料は減少幅が大きいです。神田飲料のROEが低い理由は、収益性が大幅に低下したことが原因のようですので、今後既存製品の見直しや原価削減などさまざまな対策を検討していく必要がありそうです。

次の資料に基づいて各問に答えなさい。なお、小数点第 2 位を四捨五入すること。

（単位：百万円）

	リコー	EPSON
売上高	2,134,180	1,330,331
当期純利益	54,367	75,051
総資産	2,149,956	1,341,575
純資産	958,082	727,477
棚卸資産	314,368	389,473
売上債権	476,429	201,801

〔問 1〕ROE を求め、売上高純利益率、総資産回転率、財務レバレッジを分解しなさい。

《企業名》	リコー	EPSON
ROE	%	%
売上高純利益率	%	%
総資産回転率	回	回
財務レバレッジ	倍	倍

〔問 2〕棚卸資産回転日数と売上債権回転日数を分析しなさい。

《企業名》	リコー	EPSON
棚卸資産回転日数	日	日
売上債権回転日数	日	日

〔問 3〕問 1 と問 2 を踏まえリコーの分析結果について述べなさい。

〈参考文献〉

岡本清・廣本敏郎・尾畑裕・挽文子（2003）『管理会計』中央経済社

桜井久勝（2019）『財務諸表分析（第 7 版）』中央経済社

奈良沙織（2021）『企業評価論入門』中央経済社

第9章

会社の税務
－法人税の計算方法－

―本章のねらい―

◇ 企業の税金として法人税と消費税の仕組みを理解する。

◇ 会計制度と法人税法の関係を踏まえ、その目的の違いを説明できる。

◇ 税務調整の意味を理解し、課税所得を計算できる。

⑤法人税の確定申告書を作成する！

　神田飲料株式会社は、決算手続きの結果、今年度も無事に利益を獲得できることがわかりました。当社は上場企業ですから、公認会計士による監査と並行して、法人税の確定申告を行うことになりました。神田飲料では、経理部に在籍している企業内税理士が協力して確定申告書を作成しています。今年度、新たに2名が経理部所属となり、確定申告書の作成チームに所属することとなりました。果たして、今年の法人税額はいくらになるでしょうか。

1 企業に関する税金

（1）制度会計における法人税法

　日本の会計制度は、会社法や金融商品取引法の規制を受けており、それぞれ会社法会計や金融商品取引法会計と呼ばれています。これに加えて法人税法の影響を受けています。これを**税務会計**といいます。法人税法は、法人税の計算を会社法の規定に委ねており、会社法は具体的な会計処理については会計基準に依存するという関係になっています。

　法人税は、株式会社や共同組合等の法人所得を対象として法人に課される税金をいいます。これは私たちが給料などの所得に対して所得税が課せられるものと同じものです。法人税は、1年間に獲得した**課税所得**の額に法人税率を乗じることで計算できます。

　税務会計は法人税額を計算するための会計であり、会社法会計や金融商品取引法会計とは目的が異なっています。会社法会計や金融商品取引法会計は、企業の財政状態や経営成績に関する情報を提供することを目的としていますが、税務会計では**課税の公平性**の観点から課税所得を計算することを目的としています。税務会計は財務会計とは異なる領域ですが、法人税法の規定が会計実務に大きな影響を与えているため、会計制度の1つとして取り扱われています。

　法人税法は**確定決算主義**という考え方を採用しています。確定決算主義とは、法人税法の課税所得を確定した決算の利益に基づいて計算することをいいます。確定した決算とは、株主総会で承認または決議された計算書類をいいます。会計上の利益は課税所得と基本的に異なる概念ですが、共通点が多く存在しているため、課税所得は会計制度に依存し、会計上の利益に税務上の加工・修正をして計算しています。そのため、法人税の課税所得計算は、会計制度に依存しつつ、法人税法独自の計算体系が含まれているため、理解することが難しくなっています。

（2）法人税法の体系

　法人税は、実際に活動している法人を納税義務者として、直接その所得を課税対象とする仕組みになっています。そのため、法人税は利益を獲得した企業だけが納税義務を負うことになります。国税庁の統計情報（令和3年度）によると、株式会社（284万8,518社）のうち、利益を獲得したのは109万917社であり、残りの175万7,601社は赤字でした。つまり、約38％の株式会社だけしか法人税を納めていないのです。

　法人税は**申告納税制度**が採用されており、法人税額を自分で計算し、税務署へ申告します。そのため、法人税の計算方法を理解しておく必要があります。ちなみに所得税や相続税も申告納税制度を採用しています。一方、税務署や地方公共団体などから納税額が決定される制度を**賦課課税制度**といい、固定資産税や自動車税などに適用されています。

　法人税の税率は資本金の大きさや所得に応じて異なります。資本金1億円を超える企業には23.20％の税率が適用されます。資本金1億円以下の中小企業に対しては年間800万円の所得までは15.00％が適用されますが、800万円以上の所得については23.20％が適用されます。例えば、資本金5,000万円の会社が1年間で2,000万円の所得を獲得した場合、800万円には15.00％が適用され、残りの1,200万円には23.20％が適用されることになります（図表9-1）。

図表9-1　法人税率

区分		税率
資本金	所得金額	
1億円以上		23.20 %
1億円以下	年800万円以上	23.20 %
	年800万円以下	15.00 %

出所：財務省ホームページ「法人税の税率」より著者作成

外国で支払った法人税はどうなるの？

　法人税は国により税率が異なります。日本の法人実効税率（企業が実際に負担する税率）は 29.74 ％であり、アメリカ（27.98 ％）やフランス（25.00 ％）、ドイツ（29.93 ％）など G7 の国々と比較しても高くなっています（2023 年 1 月時点）。国によって税率が異なるため、税率が安い国に進出している企業も見受けられます。

　日本企業が海外で事業活動を行い、所得を獲得した場合には、現地の法人税法に基づき課税されます。しかし、日本では全世界で獲得した所得に対して課税されるため、海外で獲得した所得は二重課税されることになります。そこで、日本では外国で支払った法人税を日本の法人税から控除する外国税額控除という制度が採用されています。

2　法人税の計算方法

(1) 課税所得の計算

　課税所得は、当該事業年度の益金から損金を控除することで計算されます。益金とは、法人税法で別段の定めがあるものを除き、資本等取引以外の取引により生じる収益をいいます。一方、損金とは、法人税法で別段の定めがあるものを除き、資本等取引以外の取引により生じる費用をいいます。

　法人税法では、課税所得の計算に当たり、**別段の定め**を除いて、**一般に公正妥当と認められる会計処理の基準**に従い会計処理を行えば、法人税でも損金として認めています。これを**公正処理基準**といいます。したがって、益金・損金は収益・費用とほぼ同じ概念といえますが、その目的が異なるため、法人税法の目的から企業会計と異なる計算をすべきものを別段の定めとして法人税法の中に規定しています。別段の定めには、(1)会計上は収益または費用であるが、法人税法上益金または損金と認められない項目（**益金不算入・損金不算入**）と(2)会計上は収益または費用と認められないが、法人税法上益金または損金と認められる項目（**益金算入・損金算入**）があります。法人税法

141

は公正処理基準を採用しているため、課税所得は会計上の利益に別段の定め
を加減算することで計算することができます。この手続きを**税務調整**といい
ます。

図表 9-2　課税所得の計算と税務調整

税務調整		説明
加算	益金算入	会計上は収益ではないが、税法上は益金となる
	損金不算入	会計上は費用であるが、税法上は損金ではない
減算	益金不算入	会計上は収益であるが、税法上は益金ではない
	損金算入	会計上は費用ではないが、税法上は損金となる

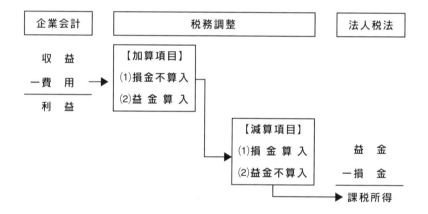

（2）税務調整の具体例

1）減価償却費

　法人税法上、減価償却費は損金に算入することが認められています。しか
し、減価償却費は他の費用と異なり、実際に現金が支出されるわけではあり
ません。企業が自由に費用計上することができるため、課税の公平性の観点
から問題があります。そこで、法人税法では、償却方法や耐用年数など減価
償却の計算方法を規定しており、この規定に従って計算された減価償却費を
上限として損金に計上することを認めています。企業が費用計上した減価償

却費が、法人税法における減価償却費を超過した場合、その超過部分（**償却超過額**）は当期の損金に含めることができません。

設例9-1　当社は期首（4/1）に陳列ケース（備品）を 2,100,000 円で取得し、定額法により減価償却（耐用年数 4 年 残存価額ゼロ）している。なお、法人税の法定耐用年数は 6 年であった。当期の損金不算入額を求めなさい。

解答・解説

$$会計上の減価償却費 = \frac{2,100,000}{4 年} = 525,000円$$

$$税法上の減価償却費 = \frac{2,100,000}{6年} = 350,000円$$

$$損金不算入 = 525,000 円 - 350,000 円 = 175,000 円$$

　法人税法上、減価償却費は法定耐用年数で除した金額を上限として損金算入を認めています。そのため、会計上の減価償却費と法人税法上の減価償却費の差額が損金不算入として計算され、会計上の利益に加算されます。

2) 受取配当金

　受取配当金は会計上収益に計上されますが、法人税法では益金として認められていません。これは二重課税を防ぐためです。二重課税とは税金控除後の所得に対して、再び課税されることをいいます。配当金は、法人税等を控除した後の利益から分配されますが、受け取った場合には金融所得として所得税が課されます。法人税法は、法人は株主の集合体であるという法人擬制説を採用しており、法人税を所得税の前払いであると考えています。そのため、配当金には法人税と所得税が課税されます。そこで、法人税法では配当金を益金不算入とすることで、二重課税を排除しています。ただし、配当金が全額益金不算入となるわけではなく、企業の形態により益金不算入の割合が異なります（図表9-3）。

図表 9-3　受取配当金の益金不算入割合

区分	不算入割合	区分	不算入割合
完全子会社法人等	100 %	その他株式等	50 %
関連会社株式等		非支配株式等	20 %
		証券投資信託	0 %

出所：税務大学校『法人税法〈令和 5 年度版〉』p.39 を参考に著者作成

　また、外国にある子会社から日本の親会社に配当した場合、法人税がかかります。法人税だけ配当金の受取額が減少するため、子会社は配当をせずに利益を留保し続けることになります。これでは、子会社が獲得した利益が日本の親会社に流入しないことになります。そこで、法人税法では一定の外国子会社（議決権の保有割合が 25 ％以上かつ支配が 6 か月以上継続している子会社）から受け取る配当金については、配当金のうち 95 ％を益金不算入にしています。

設例 9-2　当社は日本の完全子会社から 2,500,000 円を、台湾の子会社から 1,500,000 円の配当金を受け取った。当期の益金不算入額を求めなさい。

解答・解説

　　　　配当金の益金不算入＝ 2,500,000 ＋（1,500,000 × 95 ％）＝ 3,925,000

　受取配当金は会計上収益として計上されますが、法人税法では一部が益金不算入となります。国内の完全子会社から受け取った配当金は 100 ％益金不算入となりますが、海外の子会社からの配当金は 95 ％が益金不算入となります。そのため、今年は 3,925,000 円が益金不算入となり、会計上の利益から控除することとなります。

3）役員給与

　従業員に対して支払った給与は法人税法では損金に算入されますが、役員

給与はすべてが損金算入されるわけではありません。従業員への給与は労働契約等により決定されますが、役員給与は役員自身が給与額を決定することができるため、損金算入が認められていません。

しかし、役員給与のうち、①**定期同額給与**、②**事前確定届出給与**、③**業績連動給与**に該当する場合には、不相当に高額な部分を除き損金に算入することが認められています。これは給与を役員自身で決めることができないためです。定期同額給与とは、支給時期における支給額が同額の給与をいいます。事前確定届給与とは、支給時期・支給額を支給前に税務署長に対して届け出た給与をいい、業績連動給与とは、役員給与が企業利益に連動して決定される給与をいいます。これらは役員給与を自分で決めることができず、お手盛り防止する必要がないため、損金算入が認められています。

Column

欠損金の繰越控除制度

法人税は課税所得に対して課税される税金ですので、欠損金額が生じた場合には法人税は課税されません。欠損金額とは損金が益金を超える部分の金額をいいます。しかし、課税所得が生じているにもかかわらず、法人税を納税しない企業が存在します。これは、過去一定期間以内に発生した欠損金額を次期以降の課税所得から控除できるためです。これを欠損金の繰越控除制度といいます。欠損金額を他の事業年度の課税所得と相殺せずに、課税所得が生じた事業年度だけに課税してしまうと、税負担が重くなるため設けられました。

---

3 法人税法の申告書の作成方法

(1) 確定申告と中間申告

法人税は原則として決算日より2か月以内に申告し、納税する必要があります。企業は事業年度終了後に決算を行い、株主総会で承認された利益に基づいて確定申告書を作成し、納税地の税務署長に提出します。これを確定申告といいます。ただし、公認会計士監査により決算日より2か月以内に決算

が確定しないなどの理由がある場合には、株主総会終了後まで延長できます。

　企業は期首から半年経過した時点で中間申告を行います。中間申告とは、事業期間が6か月を超える企業が、原則として期首から6か月を経過した日から2か月以内に中間申告書を作成し、納税を行う手続きをいいます。中間申告には、①前期の実績に基づく方法と②仮決算を行う方法があります。中間申告は法人税の負担を軽減させるだけでなく、税収の安定化という目的があります。

（2）別表一と別表四

　確定申告書には別表一から別表二十までありますが、企業の活動内容により変化します。法人税を計算するために重要となる申告書は**別表一**と**別表四**です。別表一は法人税額を計算するために作成され、別表四では課税所得を計算するために作成されます（図表9-4）。

　法人税額は、会計上の利益に税務調整を行い、課税所得を計算するため、別表四から作成されます。別表四の簡易版を示すと図表9-5となります。別表四では、会計上の利益に税務調整を行い、最終的に課税所得を計算するという構造となっています。

　別表一には法人税額が記載されます。別表一の簡易版を示すと図表9-6と

図表9-4　確定申告の全体像（一部）

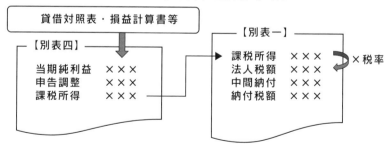

出所：国税庁「令和4年版 法人税のあらましと申告の手引」より著者作成

図表 9-5　【別表四】所得の金額の計算に関する明細書（一部）

区分		総額
当期利益または当期欠損の額		×××
加算	減価償却の償却超過額	×××
	役員給与の損金不算入額	×××
	交際費等の損金不算入額	×××
	小計	×××
減算	減価償却超過額の当期容認額	×××
	受取配当金等の益金不算入額	×××
	外国子会社から受ける剰余金の配当等の益金不算入額	×××
	小計	×××
仮計		×××
⋮		
所得金額又は欠損金額		×××

図表9-7となります。別表一では、別表四で計算した課税所得と、別表一次葉で計算された今年度の法人税額を記入します。別表一次葉では、企業規模に応じた税率を課税所得に乗じることで今年度の法人税額を計算します。その後、法人税額から税額控除や中間納付額を差し引いた金額が実際に納付されることになります。

　ここでは別表一と別表四の簡易版を用いて説明しました。実際の申告書は国税庁のホームページより閲覧できるので、興味のある方は検索してみてください。

図表 9-6 【別表一】各事業年度の所得に係る申告書（一部）

法人税額の計算			金額
この申告書による法人税額の計算	所得金額又は欠損金額	(1)	×××
	法人税額 (48) ＋ (50)	(2)	×××
	法人税額の特別控除額	(3)	△×××
	税額控除超過額相当額等の加算額	(4)	×××
	⋮		×××
	法人税額計	(9)	×××
	⋮		
	差引所得に対する法人税額	(13)	×××
	中間申告分の法人税額	(14)	×××
	差引確定法人税額	(15)	×××

図表 9-7 【別表一次葉】各事業年度の所得に係る申告書（一部）

事業年度			法人名			
法人税額の計算						
(1)のうち年 800 万円相当額以下の金額	(45)	×××	(45)の 15 ％または 19 ％相当額	(48)	×××
…					
その他の所得金額 (1) － (45)	(47)	×××	(47)の 19 ％または 23.2 ％相当額	(50)	×××

4 消費税の計算方法

　企業が関わる税金は法人税等だけでなく、**消費税**もあります。消費税とは、消費一般に広く公平に課税する**間接税**であり、商品やサービスの提供を受ける消費者が負担し、事業者である企業が納税します。このように税金の支払者と納税者が異なる税金を間接税といいます。酒税やたばこ税、石油ガス税なども間接税になります。消費税はほとんどすべての国内における商品

の販売・サービスの提供等を対象として、取引の段階ごとに10％または軽減税率8％の税率が課税されています。

　消費税は法人税のように企業が負担するわけではありません。消費税は事業者（製造業者や小売業者）が販売する商品やサービスの価格に含まれて、次々に転嫁され、最終的に商品を消費しまたはサービスの提供を受ける消費者が負担します。事業者は商品を販売した際に、販売金額に消費税を加えた金額を消費者から受け取ります。事業者にとって消費税は預かり分ですので、確定申告時に消費税を納付します。実際に納付する消費税は、受け取った消費税から支払った消費税を控除した金額となります。消費税は生産や流通の段階でそれぞれ課税されないように、受け取った消費税から支払った消費税を控除することで、消費税が累積しないようになっています。これを**仕入税額控除**といいます。このように、事業者が納める消費税の合計は消費者が支払った消費税と等しくなります（図表9-8）。

図表9-8　消費税の仕組み

【製造業者】		【小売業者】		【消費者】	
売上	10,000	売上	15,000 →	支払総額	16,500
消費税(a)	1,000	消費税(a)	1,500	（内消費税	1,500)
		仕入	10,000		
		消費税(b)	1,000		
〔納税額①〕 (a)	1,000	〔納税額②〕 (a) − (b)	500	〔負担額〕 ① + ②	1,500

> **Column**
>
> ### インボイス制度
>
> 　2023年10月1日より「適格請求書等保存方式（インボイス制度）」が導入されました。インボイス制度は、消費税額を正確に把握するために導入された制度です。これまでは請求書等があれば仕入税額控除が認められていましたが、インボイス制度の導入により適格請求書と帳簿を保存しなければ仕入税額控除が認められなくなりました。適格請求書とは、適格請求書発行事業者のみが発行できる、買手に対して正確な税率や消費税額を伝える請求書やレシートなどをいいます。インボイス制度を導入することで、消費税の税額を正確に計算できるようになるだけでなく、計算ミスや不正等が減ることも期待されています。その一方で、インボイス制度の導入により、これまで納税が免除されていた事業者にも納税する必要が生じることになります。

5　神田飲料株式会社の法人税額

　法人税額の計算方法を理解した神田飲料の経理部では、企業内税理士とともに法人税の確定申告書を作成することにしました。株主総会で確定した当期の利益は 2,600 百万円でした。この会計上の利益に税務調整を加えて、課税所得を計算することにします。

　経理部では税務調整を行い、次のことが明らかとなりました（図表9-9）。まず神田飲料が保有する建物は耐用年数を 50 年で減価償却していましたが、法人税法上の耐用年数は 38 年であったため、640 百万円の償却超過額がありました。また、神田飲料は国内外に子会社を有しており、それぞれ受取配当金を受け取っていますが、受取配当金については益金不算入となりました。

図表 9-9　神田飲料株式会社の税務調整

（単位：百万円）

減価償却の償却超過額	640
受取配当金等の益金不算入額	550
外国子会社から受ける剰余金の配当等の益金不算入額	190

　これらの税務調整を踏まえ、課税所得を計算するために別表四を作成すると、当期の課税所得は 2,500 百万円と計算できました。次に別表一と別表一次葉で法人税額を計算します。神田飲料は資本金が 1 億円を超えているため、法人税率は 23.20 ％となります。そのため、当期の法人税額は 580 百万円（2,500 百万円× 23.20 ％）でした。神田飲料は中間申告で 240 百万円を支払っているため、確定申告の際には 340 百万円を納付することになりそうです（図表 9-10）。

図表 9-10　神田飲料株式会社の確定申告書

【別表四】所得の金額の計算に関する明細書（簡易様式）（単位：百万円）

区分		総額
当期利益または当期欠損の額		2,600
加算	減価償却の償却超過額	640
	役員給与の損金不算入額	
	交際費等の損金不算入額	
	小計	640
減算	減価償却超過額の当期容認額	
	受取配当金等の益金不算入額	550
	外国子会社から受ける剰余金の配当等の益金不算入額	190
	小計	740
仮計		2,500
⋮		
所得金額又は欠損金額		2,500

【別表一】各事業年度の所得に係る申告書　（単位：百万円）

	法人税額の計算		金額
こ の 申 告 書 に よ る 法 人 税 額 の 計 算	所得金額又は欠損金額	(1)	2,500
	法人税額 (48) + (50)	(2)	580
	法人税額の特別控除額	(3)	0
	税額控除超過額相当額等の加算額	(4)	0
	⋮		
	法人税額計	(9)	580
	⋮		
	差引所得に対する法人税額	(13)	580
	中間申告分の法人税額	(14)	240
	差引確定法人税額	(15)	340

【別表一次葉】各事業年度の所得に係る申告書　（単位：百万円）

事業年度		X5 年度	法人名		神田飲料株式会社	
法人税額の計算						
(1)のうち年 800 万円 相当額以下の金額	(45)	0	(45)の 15 ％または 19 ％相当額	(48)		0
...						
その他の所得金額 (1) − (45)	(47)	2,500	(47)の 19 ％または 23.2 ％相当額	(50)		580

確認問題

【問題1】

次の企業の課税所得および、当期の法人税額を計算しなさい。小数点以下四捨五入すること。

《資料》

資本金額	5億円	当期の利益	1,200円
減価償却超過額	350円	交際費の損金不算入額	140円
受取配当金等の益金不算入額	200円		

《解答欄》

課税所得		法人税額	

【問題2】

法人税法に別段の定めが設けられている理由を説明しなさい。

【問題3】

受取配当金が益金不算入となる理由を説明しなさい。

【問題4】

消費税の仕組みを説明しなさい。

〈参考文献〉

国税庁（2022）「法人税のあらましと申告の手引」国税庁

国税庁（2022）「消費税のあらまし」国税庁

菅原計（2010）『税務会計学通論（第3版）』白桃書房

税務大学校（2023）「法人税法（令和5年度版）」税務大学校

渡辺徹也（2020）『スタンダード法人税法（第2版）』弘文堂

第 10 章

コーポレート・ガバナンス
と内部統制システム
－健全な会社運営のための
組織づくり－

―本章のねらい―

◇ コーポレート・ガバナンスの意義、および上場会社のガバナンス体制について理解する。

◇ 内部統制システムについて理解する。

◇ 会計不正の問題について理解する。

⑥ガバナンス体制の見直し

　神田飲料株式会社は、これまで監査役会設置会社というガバナンス体制を採用していました。ところが、後述する2019年改正会社法の施行前のある日、神田飲料の経営者である伊藤さんは、同社の法務部から次のようなアドバイスを受けました。すなわち、会社法改正を機に、ガバナンス体制を見直してはどうかというのです。具体的には、神田飲料のように監査役会設置会社であって、上場会社でもあり、しかも一定規模以上の株式会社では、社外取締役を設置しなければならないそうです。また、社外取締役の設置に併せて、監査等委員会設置会社というガバナンス体制に移行する上場会社が多いので、移行の是非についても検討してほしいとのことです。

　そこで伊藤さんは、社外取締役の役割や上場会社が採用できるガバナンス体制の選択肢について法務部のアドバイスを受けながら、神田飲料の今後のガバナンス体制のあり方を考えていくことになりました。また最近、他社で会計不正が発覚して経営者が逮捕され、さらに巨額の損害賠償責任を負ったというニュースも出ていることから、不祥事を防止し、経営を健全に行うための仕組み作りについても再検討することになりました。

1 コーポレート・ガバナンス

(1) コーポレート・ガバナンスとは何か？

　株式会社は、多くの人から少しずつ出資してもらうことで資金を集中させ、個人では実現できないような大規模なビジネスを実現できる、共同企業の仕組みです。株式会社の特徴として、①出資して株主になったからといって、当然に会社を経営する権限が与えられるわけではない（経営は会社の経営者として選任された者が担当する）こと、②仮に事業が失敗して会社が債務（銀行からの借入金や、仕入先への買掛金など）を弁済できなくなったとしても、株主はこれを代わりに払う責任を負わないことを挙げることができます。①を**所有と経営の制度的分離**、②を**株主有限責任の原則**といいます。

　これらの特徴は、できるだけ多くの人達に出資してもらうために編み出された工夫の賜物です。どういうことかというと、①（所有と経営の制度的分離）によって、会社経営はその道の専門家である経営者に任せることになるため、必ずしも経営に詳しくない人であっても、抵抗なく出資できます（図表10-1参照）。また、②（株主有限責任の原則）によって、万一事業が失敗しても、株主は会社の借金を代わりに弁済する責任を一切負わないため、安心して出資できます（図表10-2参照）。

　このように、株式会社では、経営のための資金は株主が拠出し、実際の経

図表 10-1　所有と経営の制度的分離

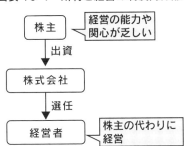

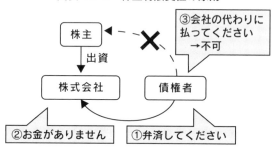

図表10-2　株主有限責任の原則

営は経営者が担うことになります。経営者は、他人（株主）から資金を預かって経営を任されている立場ですので、株主の期待に応えるべく経営活動を行う義務があります。ところが、中には期待どおりに活動してくれない経営者もいるかもしれません。すなわち、株主から預かり、株主のために使わなければならない資金を自分の生活のために横領してしまうとか、どう考えても儲かりそうにない事業に手を出してしまうとか、粉飾決算などの不祥事を放置してしまう、といった事態が起こるかもしれません。そのため、経営者が株主の期待に背く行為をしないように、何らかの方法で経営者の行動を監督する必要がありそうですね。

　では、株主に監督してもらってはどうでしょうか。ところが、先にも述べた通り、株主は必ずしも経営の専門家とは限りません。また、特に上場会社では、株式が市場で頻繁に売買されていますので、株主は毎日のように入れ替わっています。経営者の監督は継続的に行わなければ実効性に欠けるので、株主に監督させる仕組みには限界がありそうです。そこで、株主の代わりに経営者を監督するために、そのための組織を社内に設置するとか、不祥事の防止・早期発見のための社内の仕組みの整備について経営者に検討を義務付けるといった対応が必要になります。このような、経営者を監督するための仕組みのことを、**コーポレート・ガバナンス**といいます。

コーポレート・ガバナンスの定義いろいろ

　前記の通り、本文では主として経営者が株主の期待に背く行為をする可能性があるという点に着目しながら、コーポレート・ガバナンスの必要性を考え、コーポレート・ガバナンスの一応の定義として、（株主のために、株主に代わって）経営者を監督するための仕組みであると説明しました。ところが、コーポレート・ガバナンスの定義は、論者によってさまざまであり、実は一言で定義を述べるのはとても難しいです。

　例えば、株主だけでなく、会社と利害関係を有するあらゆる人々の経済的厚生の増進を図るための、経営者の規律付けのあり方と定義される場合もあれば、安易な破産や無配をさせないための仕組みと定義されることもあります。また、東京証券取引所が公表しているコーポレートガバナンス・コード（2021年6月版）は、コーポレート・ガバナンスを「会社が、株主をはじめ顧客・従業員・地域社会等の立場を踏まえた上で、透明・公正かつ迅速・果断な意思決定を行うための仕組み」と定義しています。

(2) ガバナンス体制の選択肢

　株式会社が採用できるガバナンス体制の選択肢は24種類と多様です。ただし、会社の規模や、会社が発行する全部の株式につき定款による譲渡制限が付されているか否かに応じて、一定の制約を受けます。さらに、神田飲料のような上場会社では、金融商品取引所が定める規程による制約も受けます。例えば、東京証券取引所が定める有価証券上場規程では、同取引所に上場する会社が採用できるガバナンス体制として、①監査役会設置会社、②指名委員会等設置会社、③監査等委員会設置会社の3つの選択肢を用意しています（なお、これら3つの選択肢のいずれを採用する場合であっても、会社から独立した立場から会計監査を行う存在である会計監査人を設置する必要があります。その資格は、公認会計士または監査法人に限られています）。以下では、上場会社が採用できる上記3種類のガバナンス体制の概要と特徴を説明します。

1) 監査役会設置会社

監査役会設置会社（図表 10-3）は、3 名以上の監査役を置き、その監査役全員からなる会議体である監査役会を置く株式会社です。監査役会は、経営者の職務執行を組織的に監査し、その結果を定期的に株主に報告します。監査役会メンバーの半数以上は社外監査役（会社と利害関係を有しない監査役として、一定の資格要件を満たした者）でなければなりませんから、経営者から独立した客観的な視点から経営者を規律付けることが期待できます。

また、監査役会設置会社において経営者を規律付けるための、もう 1 つの組織として、取締役会を挙げることができます。取締役会は、すべての取締役（3 名以上）で構成される会議体です。取締役会は、日々の経営活動を担う経営者である代表取締役を選定・解職したり、経営者を監督したりする権限を持ちます。重要な経営事項については、経営者の独断で決めることは許されず、取締役会で決めることが必要です。株主にとって影響が大きい重要な事項について、取締役会の場で取締役全員が慎重に議論することになりますので、株主の利益に沿った会社経営が期待できます。

一方、監査役会設置会社というガバナンス体制については、経営者の職務執行を監査する立場である監査役に、経営者を選んだり辞めさせたりする権

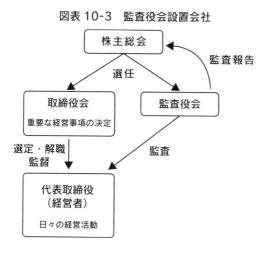

図表 10-3　監査役会設置会社

限（人事権）が与えられていない点、経営者の監督権限を持つ取締役会が、同時に重要な経営事項に関する意思決定をも担当することから、経営者の監督に特化することが難しい点、多くの重要な経営事項の決定に取締役会決議が必要であり、意思決定のスピードが遅くなりがちである点などが、課題として指摘されています。

　なお、2019年に会社法が改正され、2021年3月1日より、監査役会設置会社の一部（すなわち、監査役会設置会社のうち、公開会社かつ大会社〔直近の貸借対照表の資本金額が5億円以上または負債総額が200億円以上である株式会社〕であって、金融商品取引法の規定に基づき有価証券報告書の提出義務を負うもの）で、**社外取締役**の設置が義務付けられました。社外取締役は、会社と利害関係を持たない取締役として、一定の資格要件を満たした者です（例えば、過去10年以内に会社の代表取締役を務めていた者、取締役の配偶者および二親等内の親族は、その会社の社外取締役になることはできません）。取締役会メンバーに社外取締役が加わることで、経営者から独立した客観的な視点で経営者を監督することが期待できますので、前述した監査役会設置会社におけるガバナンス上の課題を克服する方向の法改正であるといえるでしょう。

2）指名委員会等設置会社

　指名委員会等設置会社（図表10-4）は、指名委員会、監査委員会および報酬委員会（以上の3つの委員会を総称して、指名委員会等）を置く株式会社です。指名委員会等設置会社における経営者は執行役と呼ばれ、取締役会によって選任・解任されます。各委員会は、取締役会が取締役の中から選定します。各委員会は3名以上の取締役で組織され、委員の過半数は社外取締役でなければなりません。指名委員会は、株主総会に提出する取締役の選任・解任に関する議案の内容を決定します。監査委員会は、取締役および執行役の職務執行の監査を行います。報酬委員会は、取締役および執行役の個人別の報酬の内容を決定します。このように、指名委員会等設置会社では、経営者に対する人事権および報酬権を、社外取締役を中心メンバーとする委員会

図表 10-4　指名委員会等設置会社

```
        ┌──────────────┐
        │    株主総会    │
        └──────────────┘
               │選任
               ▼
 ┌──────────────────────────────┐
 │           取締役会            │
 │ ・（若干の）重要な経営事項の決定 │
 │ ・経営者の監督                │
 │ ┌──────┐┌──────┐┌──────┐ │
 │ │ 指名 ││ 監査 ││ 報酬 │ │
 │ │委員会 ││委員会 ││委員会 │ │
 │ └──────┘└──────┘└──────┘ │
 └──────────────────────────────┘
         │選任・解任
         │監督
         ▼
   ┌──────────────┐
   │     執行役     │
   │   （経営者）    │
   │ ・日々の経営活動 │
   │ ・重要な経営事項の決定│
   └──────────────┘
```

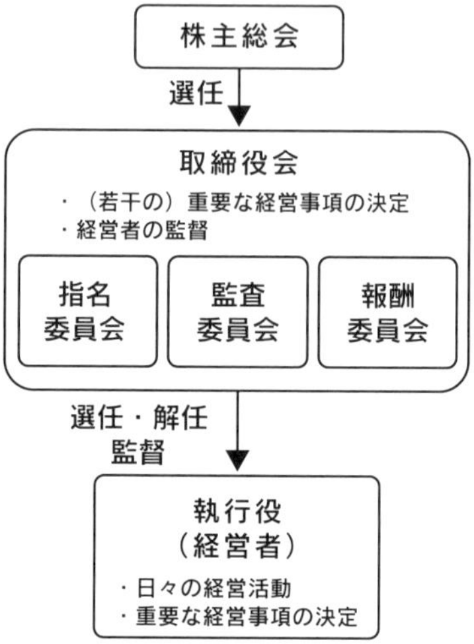

が握っており、経営者に対する強力な規律付けが可能なガバナンス体制といえるでしょう。

　さらに、取締役会は、一定の事項を除き、重要な経営上の意思決定であっても、経営者である執行役に一任することができます。これによって、意思決定スピードを上げることが可能です。それと同時に、取締役会は経営上の意思決定を行う時間と手間から解放され、経営者の監督に専念することができるようになります。このように、経営者と監督者を制度上分離することで、取締役会の監督機能を強化するガバナンス体制を、**モニタリング・モデル**といいます。指名委員会等設置会社は、モニタリング・モデルを実現できるガバナンス体制であるといえます。

　ところが、指名委員会等設置会社というガバナンス体制にも、課題が存在します。すなわち、取締役に対する人事や、取締役および執行役（経営者）に対する報酬を、（社長ではなく）社外取締役が中心メンバーである委員会が決定するという点に抵抗感があるという点、指名委員会等設置会社が他のガバナンス体制よりも優れているとの確証を得られていない点などが挙げられます。東京証券取引所が 2023 年 7 月に公表した、「東証上場会社における

独立社外取締役の選任状況及び指名委員会・報酬委員会の設置状況」による
と、同取引所上場会社のうち、指名委員会等設置会社の割合はわずか2.4 %
にとどまっています。

3) 監査等委員会設置会社

　前記の通り、①の監査役会設置会社は、経営者の監督の実効性に限界があ
ることが指摘されてきました。また、②の指名委員会等設置会社も、取締役
や執行役に対する人事権・報酬権の所在などから、採用会社数の少なさが課
題となっています。そこで、2014 年の会社法改正によって、新たに**監査等委
員会設置会社**というガバナンス体制が創設されました。

　監査等委員会設置会社（図表 10-5）は、指名・報酬委員会を置かず、経
営者に対する監査権限を持つ監査等委員会のみを置くガバナンス体制です。
監査等委員会は、3 名以上の取締役で構成され、その過半数は社外取締役で
なければなりません。株主総会では、監査等委員である取締役と、そうでな
い取締役に区別されて選任されます。監査等委員会設置会社における取締役
会は、日々の経営活動を担う経営者である代表取締役を選定・解職したり、
経営者を監督したりする権限を持ちます。重要な経営事項については、原則
として取締役会で決めることが必要であり、代表取締役に一任することはで
きません。ただし、取締役の過半数が社外取締役である場合、または定款の
定めがある場合には、一定の事項を除き、重要な経営事項であっても代表取
締役に一任できます。これによって、指名委員会等設置会社と同様、モニタ
リング・モデルを実現することが可能です。

　このように、監査等委員会設置会社は、社外取締役がその役割を十分に発
揮して経営者を規律付けることが期待されているガバナンス体制ですので、
社外取締役を選任する際には、単に知名度だけではなく、経営監督上の能力
に着目した適切な人選が重要であるといえるでしょう。

図表 10-5　監査等委員会設置会社

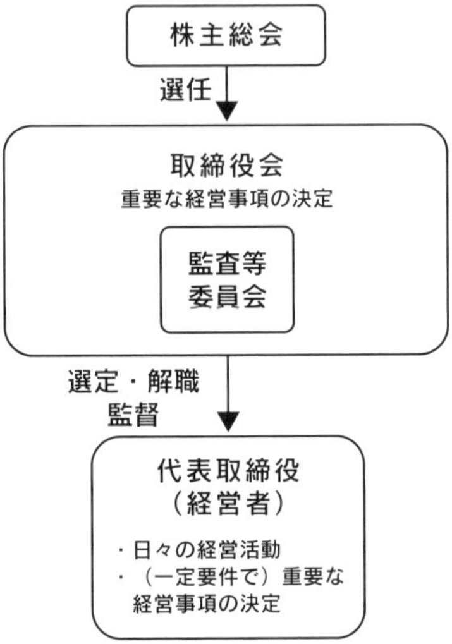

> **Column**
>
> ### 監査役会設置会社から監査等委員会設置会社への移行
>
> 　2019年の会社法改正によって、一定の監査役会設置会社では、監査役会メンバーの半数以上の社外監査役に加えて、社外取締役をも選任しなければならなくなりました。その分、社外の適任者を探す負担が増えたといえます。一方、監査等委員会設置会社であれば、社外監査役を選任する必要がなく、社外取締役の選任だけで済みます。これが、監査役会設置会社から監査等委員会設置会社へ移行する上場会社が一定数存在する要因の1つであるといわれています。

2　内部統制システム

　ここまで、株主の期待に沿って適切に経営活動をするよう、経営者を監督するための仕組みとして、コーポレート・ガバナンスを学んできました。一方で、経営者自身も、自社の経営活動の一環として、より効率的に会社を運営していくための体制や、会計不正などの企業不祥事を防止し、もし起こっ

てしまった場合に早期に発見できるような体制など、会社の業務の適正を確保するための体制を整備し、日々これを点検していく必要があるでしょう。このような体制のことを、**内部統制システム**といいます。

　内部統制システムの目的は何でしょうか。企業会計審議会が公表した「財務報告に係る内部統制の評価及び監査の基準」（2023 年 4 月 7 日改訂。以下「内部統制基準」）は、内部統制システムの目的として、図表 10-6 に示した 4 つを挙げています。

図表 10-6　内部統制システムの目的

目的	説明
業務の有効性および効率性	事業活動の目的の達成のため、業務の有効性および効率性を高めること
報告の信頼性	組織内および組織の外部への報告（非財務情報を含む。）の信頼性を確保すること
事業活動に関わる法令等の遵守	事業活動に関わる法令その他の規範の遵守を促進すること
資産の保全	資産の取得、使用および処分が正当な手続および承認の下に行われるよう、資産の保全を図ること

　こうした目的を達成するために、具体的にどのような内部統制システムを整備する必要があるのでしょうか。内部統制基準が挙げる内部統制システムの構成要素は、図表 10-7 の通りです。

　内部統制システムに関する法規制について見てみましょう。会社法上、監査役会設置会社かつ大会社、指名委員会等設置会社および監査等委員会設置会社は、内部統制システムの整備について、取締役会で決定することが義務付けられています。これらの会社では、自社の内部統制システムをどうするかについて、取締役全員で慎重に検討を行い、意思決定を行う必要があるということですね。決定内容は、事業報告において株主に情報提供されます。また、金融商品取引法上、上場会社には、財務情報の適正性を確保するための体制が有効に機能しているか否かにつき、経営者に評価させ、その結果を

図表 10-7　内部統制システムの構成要素

構成要素	説明
統制環境	組織の気風を決定し、組織内の全ての者の統制に対する意識に影響を与えるとともに、他の基本的要素の基礎をなし、リスクの評価と対応、統制活動、情報と伝達、モニタリングおよびITへの対応に影響を及ぼす基盤
リスクの評価と対応	組織目標の達成に影響を与える事象について、組織目標の達成を阻害する要因をリスクとして識別、分析および評価し、当該リスクへの適切な対応を行う一連のプロセス
統制活動	経営者の命令および指示が適切に実行されることを確保するために定める方針および手続
情報と伝達	必要な情報が識別、把握および処理され、組織内外および関係者相互に正しく伝えられることを確保すること
モニタリング	内部統制が有効に機能していることを継続的に評価するプロセス
ITへの対応	組織目標を達成するために予め適切な方針および手続を定め、それを踏まえて、業務の実施において組織の内外のITに対し適時かつ適切に対応すること

投資家に情報開示させるための書類として、内部統制報告書の提出が義務付けられています。

3　会計不正の防止と早期発見

　ここまで、コーポレート・ガバナンスおよび内部統制システムについて説明してきました。ここでは、会計不正を例にとって、これを防止または早期発見するために、コーポレート・ガバナンスや内部統制システムがどのように機能するかについて、見てみましょう。

　会計不正とは、売上の過大計上や在庫の架空計上など、会計基準を逸脱した会計処理をいいます。会計不正が行われてしまうと、さまざまな利害関係者に不利益が生じます。まず、会計不正を行った会社自身は、過大計上された利益額に基づいて本来許されない多額の配当が行われることや、会社が金

融商品取引法の規定に基づき罰金や課徴金の支払いを余儀なくされることなどによって、会社の財産が不当に減少してしまうおそれがあります。また、投資家は、正しい会計情報に基づく投資判断が妨げられるうえ、会計不正の発覚により株価が下落したり、会社が上場廃止に追い込まれたりすることに伴う不利益も考えられます。また、会計不正の発覚により社会的な信用を失い、資金繰りが悪化して倒産に至る場合もあることを考えれば、銀行など会社にお金を貸している者、会社に対して売上債権を有する取引先、および会社従業員などへの影響も重大であるといえるでしょう。

　それでは、会計不正を防止し、または早期発見するために、どのような方策が考えられるでしょうか。コーポレート・ガバナンスの観点からは、会計監査人による会計監査、社内の監査機関（監査役会・監査委員会・監査等委員会）による監査、およびこれらの監査結果の株主への報告が、会計不正の防止と早期発見のために重要であるといえます。また、取締役会は、経営者に経営状況について定期的に報告させ、社外取締役の持つ、客観的で会社から独立した視点を生かしながら、経営者が会計不正を行っていないか、あるいは従業員による会計不正を経営者が見逃していないかについて監督を行い、不正の兆候が見られた場合には早急に是正措置をとることが重要です。

　内部統制システムの観点からはどうでしょうか。会計不正は、過剰な売上ノルマといった企業風土、売上や在庫などを管理するシステムの不正操作への対策不足、人事異動が定期的に行われないことによる特定の従業員への権限集中、営業部・財務部・経理部といった各部署間の連絡不足など、経営活動の一環として整備すべき内部統制システムの不備に起因する部分が大きいといえます。そこで、経営者は、自社の内部統制システムが会計不正を防止・早期発見するのに十分な水準に達しているか否かを点検し、問題があれば直ちに、担当部署に指示するなどして改善する義務があるといえるでしょう。

4 神田飲料株式会社の場合

神田飲料は、これまで監査役会設置会社でしたが、2019年の会社法改正を受けて、ガバナンス体制のあり方を見直すことにしました。

神田飲料の直近の貸借対照表を見ると、資本金5億円以上、または負債総額200億円以上という、大会社の定義を満たしています。さらに、神田飲料は上場会社ですから、有価証券報告書の提出義務があります。以上のことから、神田飲料は社外取締役の設置義務を負います。伊藤さんは法務部に相談すると、監査等委員会設置会社では、一定要件を満たせば、多くの重要な経営事項について、取締役会にかける必要がなく、経営者である伊藤さんが独断で決定できること、経営者は社外取締役を中心とする取締役会や監査等委員会から強力なチェックを受けることになることを知りました。そこで伊藤さんは、経営上の意思決定スピードを速めつつ、ガバナンス体制の強化が期待できる点に魅力を感じ、株主総会を開催して監査等委員会設置会社に移行する手続をとりました。

同時に、伊藤さんは内部監査部門に指示して、神田飲料の内部統制システム、とりわけ会計不正の防止・早期発見のための体制が適切に整備されているか否かを詳細に点検させることにしました。その結果、在庫の数量や金額を管理するコンピュータ・システムを操作する権限を、現在の担当者だけでなく、すでに他部署に異動した従業員も引き続き持っている状態であり、しかもシステム操作についてダブルチェックを行う者がいないことがわかりました。もしその従業員が、在庫の数量や金額を水増しして入力してしまうと、当期の売上原価が実際よりも少なく計上される結果、当期の売上総利益が過大計上されるという会計不正につながってしまいます。さらに、神田飲料には内部通報のための窓口がありますが、その存在や利用方法について、従業員への周知が不十分であることもわかりました。これでは、仮に会計不正の兆候に気づいた従業員がいたとしても、社内で情報共有がなされないため、早期発見につなげることができません。そこで、伊藤さんは、在庫管理

システムの操作権限やダブルチェック体制の見直しを指示し、内部通報窓口について従業員に周知徹底させました。

確認問題

【問題 1】

コーポレート・ガバナンスとは何かを説明しなさい。

【問題 2】

上場会社が採用できるガバナンス体制の選択肢をすべて挙げ、それぞれのガバナンス体制における取締役会の役割を比較しなさい。

【問題 3】

内部統制システムとは何か、および内部統制システムの目的を説明しなさい。

〈参考文献〉

青克美（2022）「コーポレート・ガバナンスを巡る東証の取組について」東京株式懇話会〔編〕『東京株式懇話会 90 周年記念講演録集』商事法務

神田秀樹（2023）『会社法入門（第 3 版）』岩波書店

北地達明ほか（2016）『最新コーポレートガバナンスのすべて』日本実業出版社

小森清久（2019）『コーポレート・ガバナンスと監査』千倉書房

田中亘（2023）『会社法（第 4 版）』東京大学出版会

日本総合研究所〔編著〕（2017）『葛藤するコーポレートガバナンス改革』金融財政事情研究会

藤原英賢（2017）『内部統制の有効性とコーポレート・ガバナンス』同文舘出版

松岡啓祐（2022）『コーポレートガバナンス・コード講義』中央経済社

第11章

原価計算
－製品の原価はどのように
計算するのか－

―本章のねらい―

◇原価と原価計算の意義について理解する。

◇費目別計算と製造間接費の配賦について理解する。

◇部門別計算について理解する。

◇製品別計算について理解する。

①製品の原価を算定する方法を知ろう！

大手ビール会社に勤務していた上田さん。これまでの知識や経験を生かし、生まれ故郷で地ビール（クラフトビール）の製造・販売を行う会社（SANADA ブルワリー株式会社）を立ち上げることを計画しています。会社では製品の企画・開発を担当していたこともあり、ビール造りには自信があります。地元の名水を使った品質のよいビールの開発を構想中です。

土地や建物、またビール作りに必要な諸設備の準備については、コンサルタントのアドバイスも受けており、資金の調達等に問題ありません。また、事業計画に基づき申請したビール製造免許も無事取得できています。開業に向け順調に進んでいる状況ですが、まだまだ不安な点がいくつもあります。

その 1 つが、ビールの原価の計算です。会社時代にも製品の開発に当たり、「原価がかかり過ぎ」といったことを上司からいわれたことがありましたが、原価の計算方法等についてはよく理解できていません。

ビール 1 瓶当たりや 1 樽当たりの原価はどのように計算すればいいのでしょうか？

1 原価と原価計算とは

（1）原価計算とは

　商品売買業においては、商品を仕入れ、それをそのまま販売するため、売上原価の計算では商品の仕入原価がそのまま適用されます。これに対し製造業では、原材料を購入し、製造活動を行い、新たに作り上げた製品を販売するため、製品を製造するためにかかった原材料、賃金・給料および諸経費などの費用を計算することが必要となります。この計算手続を**原価計算**といいます。原価計算は、製造した製品が1個いくらであるかを計算する技法として誕生しました。この製品原価を算定するための原価計算は、費目別計算、部門別計算、製品別計算という3つの計算過程を経て実施されます。ただし、原価計算は製品原価算定のための技法というだけでなく、経営管理にも役立つ技法として発展を続けています。原価計算の体系をその目的の視点から示せば、図表11-1の通りです。本章では製品原価算定のための原価計算、第12・13章では経営管理のための原価計算について学びます。

図表11-1　原価計算の体系（第11～13章の構成）

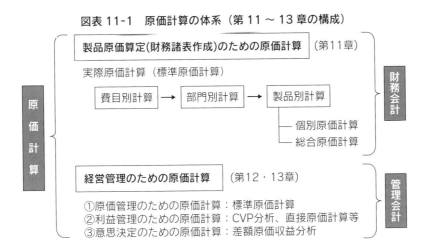

（2）原価とは

　原価計算の計算対象となる「原価」は、広狭さまざまな意味で定義されます。「原価計算基準」（以下、「基準」という）では、「原価計算制度において、原価とは、経営における一定の給付にかかわらせて、は握された財貨又は用役の消費を、貨幣価値的に表わしたものである」（「基準」3）と定義しています。つまり、**原価**とは一定単位の製品を生産ないしサービスを提供するために消費された財またはサービスを金額で表わしたもののことです。

> **Column**
>
> ### 原価計算基準
>
> 　原価計算基準は、企業が実施すべき原価計算の基本思考、目的、手続を明文化したものです。1957年4月に大蔵省企業会計審議会により起草され、1962年11月に制定されました。制定後かなりの年月が経ていますが、東京証券取引所に上場している1,250社を対象とした2020年の調査では、「原価計算を行うに当たり、『原価計算基準』で特に問題ない」と回答した企業が63.5％となっています。（出所：清水孝（2022）「わが国原価計算実務の現状」『早稲田商学』462号、pp.100-101）

　次に、製品原価算定のための原価の分類について説明していきます。

1）発生形態による分類

　これは、財務会計における費用の発生を基礎とする分類であり、製品の原価を算定する際に最も基本となるものです。これにより原価は、**材料費**、**労務費**、**経費**に分類されます。

2）製品との関連による分類

　これは、原価が一定単位の製品に直接的に認識できるか否かによる分類です。これにより原価は、直接費と間接費に分類されます。**直接費**は製品との関係が直接的に認識できる原価であり、直接材料費、直接労務費、直接経費に分類されます。他方、間接費は製品との関係が直接的に認識できない原価

であり、間接材料費、間接労務費、間接経費に分類され、**製造間接費**と総称されます。なお、直接労務費と製造間接費との合計、または直接材料費以外の原価要素を総称して、**加工費**として分類することもあります。

3）経営活動との関連よる分類

これは、原価がいかなる経営活動のために発生したかによる分類です。これによると原価は、**製造原価**、**販売費**、**一般管理費**に分類されます。また販売費と一般管理費を総称して営業費といい、製造原価に販売費と一般管理費を加えたものを**総原価**といいます。これまでの分類をまとめると図表11-2となります。

図表 11-2　原価の構成

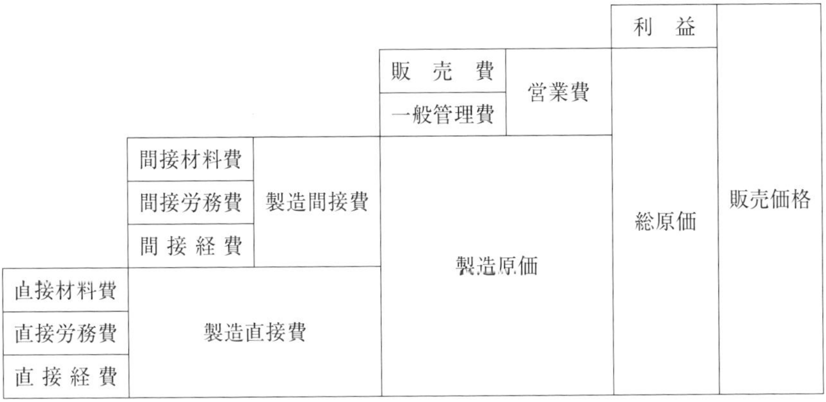

				利　益	販売価格
		販　売　費	営業費		
		一般管理費			
間接材料費	製造間接費			総原価	
間接労務費		製造原価			
間　接　経　費					
直接材料費	製造直接費				
直接労務費					
直　接　経　費					

設例 11-1　次の資料に基づいて、①製造原価、②総原価、③販売価格を計算しなさい。

《資料》

直接材料費：55,000円、直接労務費：62,000円、直接経費：30,000円

間接材料費：42,000円、間接労務費：31,000円、間接経費：51,000円

販　売　費：30,000円、一般管理費：49,000円、利益は総原価の20％

①製造原価＝直接材料費＋直接労務費＋直接経費＋間接材料費＋間接労務費
　　　　　＋間接経費

　　　　＝ 55,000 円＋ 62,000 円＋ 30,000 円＋ 42,000 円＋ 31,000 円＋ 51,000 円

　　　　＝ 271,000 円

②総 原 価＝製造原価＋販売費＋一般管理費

　　　　＝ 271,000 円＋ 30,000 円＋ 49,000 円

　　　　＝ 350,000 円

③販売価格＝総原価×（1 + 0.2）

　　　　＝ 350,000 円×（1 + 0.2）

　　　　＝ 420,000 円

（3）原価計算の計算手続

原価計算は、通常、次の 3 つの計算手続を経て行われます。

1）費目別計算

費目別計算とは、原価計算期間（通常 1 か月）に発生した製造原価を費目別（材料費、労務費、経費）に分類・集計する手続です。

2）部門別計算

部門別計算とは、費目別に把握された製造原価を原価部門別に分類・集計する手続です。なお、部門別計算は手間や費用がかかるため、中小企業ではこの手続を実施しないことがあります。

3）製品別計算

製品別計算とは、製造原価を一定の製品単位に集計し、製品の単位当たりの原価を計算する手続です。

この 3 つの計算手続を簡単なケースで説明します。

ある工場では、製品 A と製品 B を製造しており、工場は組立部門と塗装

部門に分かれているとします。

①費目別計算：まずは、1か月で発生した製造原価を、材料費 200,000 円、
　　　　　　　労務費 180,000 円、経費 1200,000 円というように費目別に
　　　　　　　分類・集計します。
②部門別計算：次に、費目別に集計した原価を、それが発生した部門に跡
　　　　　　　づけます。このケースでは、組立部門で 300,000 円、塗装
　　　　　　　部門で 200,000 円が発生したとします。
③製品別計算：最後に、部門に集計された原価を各製品に跡づけて、完成
　　　　　　　品の原価（単位原価）を計算します。
　なお、費目別計算においては、原価を製造直接費と製造間接費に分類しますが、このうち製造間接費のみを部門別計算の対象とすることが一般的です。
　次節以降では、この3つの計算について、順に説明していきます。

図表 11-3　原価計算の計算手続

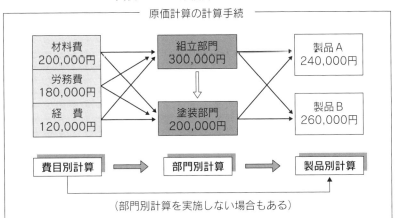

2 費目別計算と製造間接費の配賦

（1）費目別計算

費目別計算では、上述したように、原価計算期間に発生した製造原価を費目別（材料費、労務費、経費）に分類・集計します。

1）材料費の計算

材料費とは、物品を消費することにより発生する原価のことであり、直接材料費と間接材料費に分類されます。また、直接材料費は主要材料費（素材費、原料費）と買入部品費、間接材料費は補助材料費（燃料費など）、工場消耗品費、消耗工具器具部品費に分類されます。

材料費の計算では、材料購入原価の計算と材料消費額の計算が必要となります。後者の計算は、消費数量の計算と消費価格の計算から構成され、材料費は、次の計算式で求めることができます。

$$材料費（消費額）=材料消費数量 × 材料消費価格$$

製造した製品の実際原価を計算する場合、消費数量も消費価格も実績値を用いて計算することが原則となりますが、消費価格は予定価格を用いて計算する場合もあります。

2）労務費の計算

労務費とは、労働力を消費することにより発生する原価のことであり、材料費の計算同様、「支払」と「消費」という両面があります。労務費における支払面は給与計算であり、消費面は労働力の消費額の計算ということになります。また、労務費も直接労務費と間接労務費に分類されます。直接労務費は直接工（製品の製造に直接従事する工員）が直接作業を行った分の賃金のみとなります。間接労務費は直接工の間接作業時間および手待時間分の賃金、間接工（製品の製造に補助的な作業を行う工員）の賃金、給料（事務職

員や管理者に支払われる給与）、雑給（臨時雇いやパートタイマーに支払われる給与）、従業員賞与・手当、退職給付費用、法定福利費（社会保険料の会社負担分）となります。

このとき、労務費（消費賃金）は、次の2つの方法により計算されます。

①作業時間を測定することにより計算する方法（主として直接工）

労務費（消費額）＝ 就業時間 × 消費賃率

②要支払額により計算する方法（主として間接工など）

要支払額とは、給与計算期間を対象として計算された支払賃金を基礎に原価計算期間の消費賃金を計算したものです。

例えば、当月（7月）の消費賃金（要支払額）は、以下のように計算します。

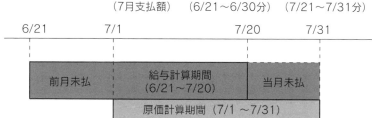

3）経費の計算

経費とは、材料費と労務費以外のすべての原価要素の総称です。したがって、さまざまな原価要素が経費に分類されます。経費も直接経費と間接経費に分類されますが、直接経費となるのは、外注加工賃（外部の製造業者に材料を支給し加工を行う場合の加工賃）、特許権使用料などの限られた要素です。他方、間接経費は減価償却費、賃借料、保険料、修繕料、電力料、ガス代、水道料、旅費交通費、租税公課、通信費など、多くの要素が挙げられます。

経費は、その把握方法の違いにより、支払経費、月割経費、測定経費、発

生経費の4つに分類されます。

①支払経費

　支払経費は、その月に支払った、あるいは支払うべき金額により消費額を把握する経費です。外注加工賃、旅費交通費、通信費、運賃、雑費などが例として挙げられます。

　支払経費は、原則として、実際の支払額をその月の消費額としますが、前払分や未払分がある場合には、支払額にこれらを加減して消費額を算定します。

当月消費額＝当月支払額＋前月前払額－前月未払額－当月前払額＋当月未払額

②月割経費

　月割経費は、数か月あるいは1年間を単位に支払ったり、計上されるべきものを、月割りすることによって把握する経費です。減価償却費、賃借料、保険料などがこの例です。

③測定経費

　測定経費は、メーターなどの測定器により、その月の消費額を把握する経費です。電力料、ガス代、水道料などがこの例です。

④発生経費

　発生経費は、実際の発生額をもって、その月の費用として計上する経費です。棚卸減耗費や仕損費などがこの例です。

(2) 製造間接費の配賦

　費目別計算により、製造直接費（直接材料費、直接労務費、直接経費）と製造間接費（間接材料費、間接労務費、間接経費）が集計されます。製造直接費は製品との関係が明確なため、製品別に計算（これを**賦課**あるいは**直課**という）することは簡単です。他方、製造間接費は製品との関連が明確でないため、何らかの基準を設けて製品別に配分計算（これを**配賦**という）する必要があります。

　製造間接費を各製品に配賦するための基準を配賦基準といいますが、一般

的に、①金額の割合によって配賦する金額基準（直接材料費基準、直接労務費基準など）と、②時間や生産量などの割合によって配賦する物量基準（直接作業時間基準、機械運転時間基準など）が用いられます。このとき、製造間接費の各製品への配賦額は、次の計算により算定します。

$$製造間接費配賦率 = \frac{一定期間の製造間接費発生額}{同期間の配賦基準数値（直接作業時間など）}$$

$$製造間接費配賦額 = 各製品の実際配賦基準数値 \times 製造間接費配賦率$$

設例 11-2 次の資料に基づき、①直接材料費基準と②直接作業時間基準により、各製品への製造間接費配賦額を計算しなさい。

《資料》

	製品 A	製品 B	工場合計
直接材料費	190,000 円	310,000 円	500,000 円
直接労務費	440,000 円	560,000 円	1,000,000 円
製造間接費	?	?	640,000 円
直接作業時間	600 時間	650 時間	1,250 時間

解答

各配賦基準の製造間接費実際配賦率は、次のように計算します。

$$①直接材料費基準：\frac{640,000 円}{400,000 円} = 1.28$$

$$②直接作業時間基準：\frac{640,000 円}{1,250 時間} = 512 円／時$$

	製品 A への配賦額	製品 B への配賦額
①	243,200 円（＝ 190,000 円× 1.28）	396,800 円（＝ 310,000 円× 1.28）
②	307,200 円（＝ 600 時間× 512 円／時）	332,800 円（＝ 650 時間× 512 円／時）

3 部門別計算

(1) 部門別計算とは

　部門別計算とは、費目別計算により集計された費目ごとの原価要素を、原価部門（原価を集計する計算組織上の区分）に分類していく計算手続きのことです。規模が小さく、単純な加工作業のみを行う企業では、部門別計算を行う必要がありませんが、企業規模が大きくなり複雑な加工作業を行う企業では、部門別計算が必要となります。部門別計算を行うことにより、製品原価の合理的な算定や効果的な原価管理が可能となるからです。上述した製造間接費の配賦は、工場全体での一括配賦を前提としていましたが、これを部門の特性（機械中心の作業を行う部門か、直接工による手作業が中心の部門かなど）に応じ、部門ごとに異なる配賦基準を設け配賦することにより、合理性の高い製品原価が算定できるということです。

　なお、原価部門は、製品の製造活動に直接従事する**製造部門**（プレス部、組立部、塗装部など）と製造部門を補助する**補助部門**に大別されます。

(2) 部門別計算の手続き

　部門別計算は、2段階の計算手続で実施されます。まず第1段階は、部門別計算の対象となる原価要素（通常、製造間接費）を部門個別費と部門共通費とに区分し、その発生に関係する原価部門（製造部門と補助部門）に配分する手続です（部門費の第1次集計）。第2段階は、第1次集計で補助部門に集計された原価を関係する製造部門に再配賦する手続です（部門費の第2次集計）。第2次集計が必要となるのは、通常、補助部門の原価はそこから製品に直接配賦することは行われず、製品には製造部門からのみ原価が配賦されることになるからです。

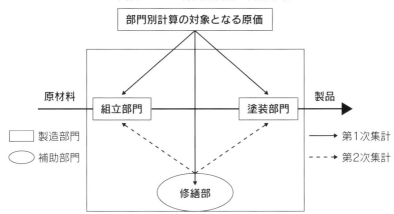

図表 11-7　部門別計算の計算手続

部門別計算の対象となる原価

原材料　　　組立部門　　　塗装部門　　　製品

製造部門
補助部門

修繕部

→ 第1次集計
--→ 第2次集計

4 製品別計算

　原価計算の最終段階である製品別計算は、製品の単位原価を計算する手続です。上述した部門別計算を実施している場合には各製造部門から、部門別計算を実施していない場合には工場全体で一括して各製品に原価を集計することになります。このとき、製造する製品の生産形態の違いにより、個別原価計算と総合原価計算という 2 つの製品別計算の方法があります。

（1）個別原価計算

　個別原価計算は、種類の異なる特定の製品を製造する業種（造船、建設、工作機械など）において適用される製品別計算です。このような業種では、通常、個別受注生産を行っており、個々の製品単位ごとに製品の製造を命令する特定製造指図書が発行され、製造指図書ごとに原価が集計されます。特定製造指図書の例を示せば、図表 11-8 の通りです。

図表 11-8 特定製造指図書

	製造指図書	指図書 No.	
年 月 日			
殿			
注文書 No.		完成予定日　年　月　日	
受 注 先		着 手 日　年　月　日	
納入場所		完 成 日　年　月　日	
品名・規格	数 量	備 考	
		発行者　　　　印	

　個別原価計算は、通常、製造間接費を部門別に集計する部門別個別原価計算として実施されます。しかしながら、小規模の企業では、部門別計算を行わない単純個別原価計算を適用する場合もあります。

　個別原価計算の計算構造は、次の通りです。

製品原価 ＝ 直接材料費 ＋ 直接労務費 ＋ 直接経費 ＋ 製造間接費

　製造指図書ごとに原価計算表を作成し、製造直接費を各製造指図書に賦課し、製造間接費は関係する製造指図書に配賦することで、各製造指図書の製品原価を算定します。

設例 11-3 以下の資料に基づいて、単純個別原価計算の原価計算表を作成しなさい。

《資料》

1. 当月直接材料費：製造指図書 No.1　40,000 円　No.2　20,000 円
2. 当月直接労務費：製造指図書 No.1　24,000 円　No.2　18,000 円
3. 当月直接経費：　製造指図書 No.1　4,000 円　No.2　6,000 円
4. 当月製造間接費実際発生額：48,000 円（直接材料費を基準に配賦する。）
5. 製造指図書 No.1、No.2 とも当月に着手したものであり、No.1 は当月中に完成したが、No.2 は未完成である。

解答

原 価 計 算 表

（単位：円）

	指図書 No.1	指図書 No.2	合　計
直接材料費	40,000	20,000	60,000
直接労務費	24,000	18,000	42,000
直 接 経 費	4,000	6,000	10,000
製造間接費	32,000	16,000	48,000
合　　計	100,000	60,000	160,000
備　　考	完　成	仕掛中	

　個別原価計算では、月末において製品が完成していない場合、月末までに集計された原価が仕掛品原価（製造過程の途中にある未完成品の原価）となりますので、改めて月末仕掛品原価を計算する必要はありません。

（2）総合原価計算

　総合原価計算は、一般に市場見込生産を行う業種（食品、化学、製紙、鉄鋼など）において適用される製品別計算です。このような業種では、同種製品を反復連続的に大量に製造し続けます。したがって、個別原価計算のように最初から1個ないしは1単位の製品ごとに原価を集計することが難しいです。そこで、総合原価計算では、一定期間（通常1か月）に発生した原価を集計し、それをその期間に完成した製品数量で割ることにより単位原価を計算します。

$$単位原価 ＝ \frac{一定期間の完成品の製造原価}{同期間の製造数量}$$

　個別原価計算が加算思考による計算に対し、総合原価計算は割当思考による計算であるといえます。

　また、総合原価計算は、製造される製品が1種類か2種類以上かによって、**単純総合原価計算**と**組別総合原価計算**に分けられます。組別総合原価計算では、製品種類のことを組と呼び、製品種類（組）別に単純総合原価計算が行われます。なお、製造される製品が1種類であっても、その製品の形状、大きさ、品位などが異なる製品（等級製品）を連続生産する場合には**等級別**

総合原価計算が適用されます。さらに、工場内を複数の工程（製造部門）に分けて原価を計算するか否かにより、**単一工程総合原価計算**と**工程別総合原価計算**に分けられます。工程別総合原価計算では、工程ごとに原価を計算することになります。これらの分類を整理すると図表 11-9 になります。

図表 11-9　総合原価計算の種類

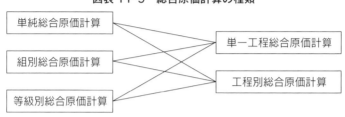

　なお、総合原価計算を適用する場合でも、製造指図書は発行されますが、それは個別原価計算とは異なり、単に製造の開始および終了を指示する継続製造指図書となります。

　総合原価計算では、一定期間の製造原価をその期間の製造数量で割ることにより製品単位原価を算定すると説明しましたが、期間を対象としているため、期末（月末）時点でその期間中に完成した製品と製造途中の仕掛品があることになります。したがって、完成品原価と仕掛品原価に分けて計算する必要があります。仕掛品原価は完成品に対する仕上がり程度（これを加工進捗度といいます）に応じてその原価を計算するためです。この計算では、製造費用を直接材料費と加工費に区分し集計することが一般的です。この点も含め、総合原価計算の計算構造式を改めて示せば、次の通りです。

当月製造費用　＝　直接材料費　＋　加工費

完成品総合原価　＝　月初仕掛品原価　＋　当月製造費用　－　月末仕掛品原価

$$完成品単位原価 = \frac{完成品総合原価}{完成品数量}$$

設例 11-4 次の資料に基づき、総合原価計算表を作成し、完成品総合原価と完成品単位原価を算定しなさい。

《資料》

1. 原価データ

月初仕掛品原価：250,000 円

当月製造費用：直接材料費　420,000 円　　加工費　280,000 円

月末仕掛品原価：150,000 円

2. 生産データ：完成品数量　500 個

解答

総合原価計算表

（単位：円）

月初仕掛品原価	250,000
当月製造費用	700,000
合　　　計	950,000
月末仕掛品原価	150,000
完成品総合原価	800,000
完成品単位原価	1,600

　製品原価を算定するための原価計算では、こうした一連の計算手続により製品の単位原価を算定します。

5　SANADA ブルワリーの原価計算

　SANADA ブルワリーでは、開業後、ラガー系ビールとエール系ビールの複数種の製造・販売を予定しています。その製造工程は、図表 11-10 にあるように大きくは醸造工程（仕込→発酵→貯蔵）と仕上工程（容器詰め）の 2

図表 11-10　ビールの製造工程

工程に分けられます。

　SANADA ブルワリーでは、同種製品を反復製造する生産形態となりますので、個別原価計算ではなく総合原価計算が適用されることになります。また、工程も1つではなく複数（2工程）となりますので工程別総合原価計算の適用が正確な製品原価の計算には必要となります。さらに、1種類のビールだけではなく複数種のビールを製造しますので、その生産方法により組別総合原価計算や等級別総合原価計算を適用する必要も考えられます。

　ただし、正確な原価計算を行うためには、それなりの時間や費用もかかります。SANADA ブルワリーは、小規模な工場での開業を予定していますので、どの程度まで厳密な原価の計算をするかについて検討を重ねています。

確認問題

【問題1】
以下の資料に基づいて、単純個別原価計算の原価計算表を作成しなさい。
《資料》
1. 当月直接材料費：製造指図書 No.1　38,000円　No.2　34,000円
2. 当月直接労務費：製造指図書 No.1　30,000円　No.2　20,000円
3. 当月直接経費：　製造指図書 No.1　　5,000円　No.2　　4,000円
4. 当月製造間接費実際発生額：60,000円（直接労務費を基準に配賦する。）
5. 製造指図書 No.1、No.2 とも当月に着手したものであり、No.1 は当月中に完成したが、No.2 は未完成である。

原 価 計 算 表

(単位：円)

	指図書 No.1	指図書 No.2	合　計
直接材料費			
直接労務費			
直 接 経 費			
製造間接費			
合　　計			
備　　考			

【問題 2】
原価計算の 3 つの計算過程について説明しなさい。

〈参考文献〉
岡本清（2000）『原価計算（六訂版)』国元書房
櫻井通晴（2021）『管理会計（第 7 版)』同文舘出版
清水孝（2022）「わが国原価計算実務の現状」『早稲田商学』462 号、pp. 100-101
建部宏明・山浦裕幸・長屋信義（2018）『基本原価計算（第五版)』同文舘出版

第 12 章

利益管理のための
原価計算
－原価・営業量・利益の関係を
理解する－

―本章のねらい―

◇ 利益計画の意義について理解する。

◇ CVP 分析の意義と計算について理解する。

◇ 原価の固変分解を理解する。

②売上高と利益の関係を知ろう！

　無事開業した SANADA ブルワリーですが、ビールの美味しさが SNS を中心に評判となり、さらにホームページからのオンラインショップも開設したことにより業績は順調に伸びています。開業 3 年目（第 3 期）も 10 か月ほど経過し、前期との比較では、年間の売上高は 1.2 倍、営業利益は 1.5 倍程度になると予測されています。

　ただ、上田社長にはよくわからないことがあります。売上高が 1.2 倍なのに、営業利益は 1.5 倍になるということです。この間、原材料の仕入単価などには大きな変化はありません。経理の担当者に聞くと、「それは当然ですよ」との回答が返ってきました。

　利益は売上高に比例しないのでしょうか？

1 利益計画とは

　企業が継続的に維持・発展するためには、一定の利益を上げ続ける必要が
あります。そこで企業（経営管理者）は、経営戦略や中長期的な経営計画を
ベースに、利益計画を策定し、利益を管理していきます。

　利益計画は、目標とする利益を達成するための経営活動の計画であり、3
〜5年間を対象に策定される長期利益計画と1年間（次年度）を対象に策定
する短期利益計画があります。また、短期利益計画は、中長期経営計画のそ
れぞれの年度の計画として策定する方法（図表 12-1）と、中長期経営計画
の初年度の計画として策定し、中長期経営計画を毎年度策定しなおす方法
（図表 12-2）があります。なお、利益計画といった場合には、一般的に、1
年間を対象とした短期利益計画を意味することが多いです。

　短期利益計画においては、利益目標を設定することになりますが、企業が
期待する利益と現実的な予測から算出される利益には開きがあることが通常

図表 12-1　中長期経営計画と短期利益計画の関係①

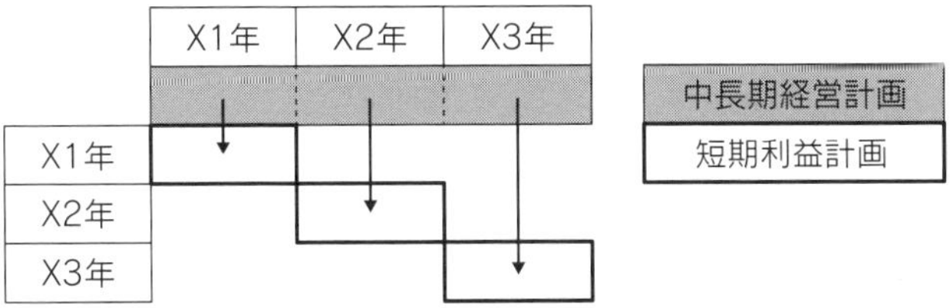

図表 12-2　中長期経営計画と短期利益計画の関係②

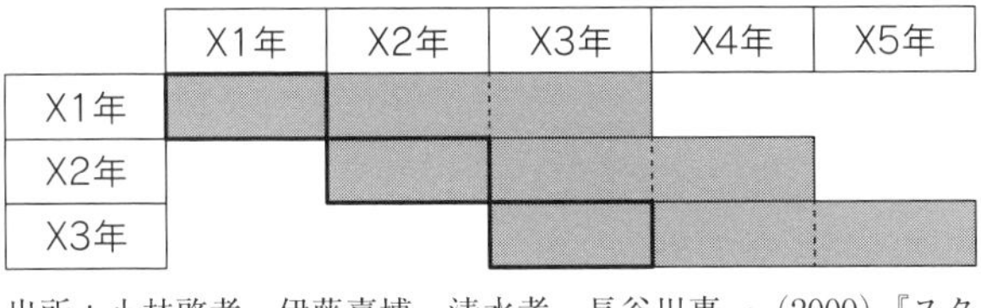

出所：小林啓孝・伊藤嘉博・清水孝・長谷川惠一（2009）『スタ
　　ンダード 管理会計』東洋経済新報社 p.113 を参考に作成

です。この差を埋めるためにさまざまなシミュレーションが行われますが、そのための技法として、CVP分析が用いられます。

2 CVP分析

(1) CVP分析とは

　CVP分析とは、原価（cost）・営業量（volume）・利益（profit）の関係を分析する技法のことですが、具体的には、営業量や原価が変化したとき、それに応じて利益がどのように変化するかを分析することです。なお、営業量としては、一般的に売上高や販売数量が用いられます。また、CVP分析の類似概念として損益分岐点分析があります。これは、狭義では、利益も損失もでない（これを損益分岐点という）売上高を算定するための技法を意味しますが、広義では、CVP分析同様、原価・営業量・利益の関係を分析する技法と解されます。

(2) CVP分析の前提

　CVP分析は比較的単純で簡単であるため、企業で活用されることが多く見られますが、その分、次のような前提条件が必要となります。
　①原価が変動費と固定費に正確に区分できる。
　②営業量の増減にかかわらず製品の販売単価が一定である。
　③単品種の製品もしくは多品種の製品の場合には製品の組み合わせが一定である。
　④生産数量と販売数量が一致する。

　①は、企業で発生する原価を直線的に描くための条件です。このためには、原価を操業度との関連から変動費と固定費に分類する必要があります。なお、操業度とは、経営能力の利用度のことですが、一般的には、生産数量、販売数量、直接作業時間のような具体的な物量で示されることが多いです。

変動費：操業度の増減に対応し、比例的に発生する原価のことであり、直
　　　　接材料費や外注加工賃がこの例です（図表 12-1）。

固定費：操業度の増減に関わりなく、一定期間において一定額発生する原
　　　　価のことであり、減価償却費や保険料がこの例です（図表 12-2）。

　企業で発生する原価の総額は、変動費と固定費の合計となりますので、総
原価線を示せば図表 12-3 となります。

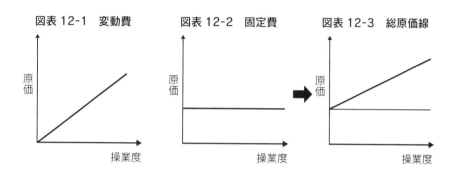

図表 12-1　変動費　　　　図表 12-2　固定費　　　　図表 12-3　総原価線

　次に②と③は、売上高線を直線的に描くための条件です。単品種の製品を
生産・販売している企業では、②の条件のみで売上高線を直線的に描くこと
ができます。しかしながら、多品種の製品を生産・販売する企業では、各製
品の販売構成割合が変化すると、仮に総販売数量が同じであっても損益分岐
点が異なって算定されてしまいます。このため、多品種の製品を生産・販売
する企業では、その製品組み合わせが一定であるという条件が必要になりま
す。また、④は期首と期末の製品の在庫量が等しいという前提です。本書で
は詳しく触れていませんが、全部原価計算のもとで CVP 分析を行う場合に
必要となります。

（3）損益分岐点の算定

　原価・営業量・利益の関係から損益分岐点などを求めるためには、①損益
分岐図表を用いる方法と②計算により求める方法があります。

①損益分岐図表を用いる方法

　原価・営業量・利益の関係を図に表したものが、**損益分岐図表**です。これは、CVP図表ともいわれます。損益分岐図表では、縦軸に収益・原価の金額をとり、横軸に営業量（売上高、販売数量など）をとります。原点から45度の傾きで描いた直線が売上高を表します。また、縦軸と固定費との交点から変動費率（単位当たりの変動費）を傾きとして描いた線が上述した通り総原価線を表すことになります（図表12-4）。このとき、売上高線と総原価線の交点が損益分岐点となります。交点の座標点を読むことにより、損益分岐点における売上高や販売量を知ることができます。

　このように、固定費線をベースとし、その上に変動費線を描く損益分岐図表（その1）が一般的ですが、これとは逆に、変動費線をベースとし、その上に固定費線を描く場合もあります（図表12-5）。この図では、売上高から変動費を控除して算定される**貢献利益**（限界利益ともいう）が、図の中で分離されることなく示されるというメリットがあります。

図表 12-4　損益分岐点表（その1）

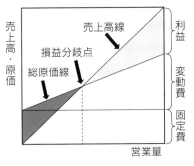

図表 12-5　損益分岐図表（その2）

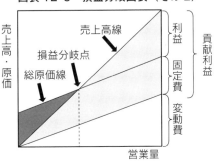

Column

貢献利益と直接原価計算

　貢献利益は、売上高から変動費を控除した金額のことであり、固定費を回収し利益を獲得するための貢献額を示します。売上高と変動費は比例関係にありますので、その両者の差額で算定される貢献利益も比例関係が成り立ちます。

　売上高に対する、変動費の割合を変動費率、貢献利益の割合を貢献利益率といいます。

　　変動費率＋貢献利益率＝1

　なお、原価を変動費と固定費に区分し、売上高から変動費を差し引いて貢献利益を計算し、その貢献利益から固定費を差し引いて営業利益を計算する方法を**直接原価計算**といいます。

直接原価計算による損益計算書

Ⅰ売　上　高　　×××
Ⅱ変　動　費　　×××
　貢献利益　　×××
Ⅲ固　定　費　　×××
　営業利益　　×××

---

②計算により求める方法

　CVP分析において、損益分岐点の売上高や販売数量などを計算する方法にはさまざまなものがあります。ここでは、最もシンプルに考えられる方法を説明します。

　まず、基本となる売上高、原価、営業利益の関係を式で表せば、次の通りです。

ⅰ）売上高−原価（変動費＋固定費）＝営業利益

　売上高と変動費は、製品単位当たりの販売価格と変動費に販売数量を乗じて算出したものですので、さらに次のように式を展開できます。

ⅱ）販売数量×販売単価−{（販売数量×単位当たり変動費）＋固定費}＝営業利益

この式を利用すれば、損益分岐点の売上高（販売数量）、目標利益を達成するための売上高（販売数量）および目標利益率を達成するための売上高（販売数量）などの数値を算定することができます。

設例 12-1 以下の資料に基づいて、次の設問に答えなさい。
(1) 損益分岐点の売上高と販売数量を求めなさい。
(2) 営業利益 200,000 円を達成するための売上高と販売数量を求めなさい。
(3) 目標営業利益率（売上高に対する営業利益の割合）20 ％を達成するための売上高と販売数量を求めなさい。

《資料》
1. 次年度予測売上高：1,000,000 円（2,000 個×@ 500 円）
2. 次年度予測原価：
   変動費　600,000 円（2,000 個×@ 300 円）
   固定費　240,000 円（年間）
3. 次年度予測営業利益：160,000 円

解答・解説
(1) 販売数量を x とおきます。損益分岐点の売上高は利益がゼロとなる売上高ですから、上記 ii) 式の右辺の営業利益を 0 円として式を立てます。

$$500x - (300x + 240,000) = 0$$
$$200x = 240,000$$
$$x = 1,200 \text{ 個（損益分岐点の販売数量）}$$

1,200 個×@ 500 円＝600,000 円（損益分岐点の売上高）

(2) 販売数量を x とおきます。目標利益が 200,000 円ですから右辺の営業利益を 200,000 円として式を立てます。

$$500x - (300x + 240,000) = 200,000$$
$$200x = 440,000$$
$$x = 2,200 \text{ 個（目標利益額を達成する販売数量）}$$

2,200 個×@ 500 円＝1,100,000 円（目標利益額を達成する売上高）

(3) 販売数量を x とおきます。目標営業利益率が 20 ％ということですから右辺

を「500x×0.2」とします。

$$500x - (300x + 240{,}000) = 500x \times 0.2$$

$$100x = 240{,}000$$

$$x = 2{,}400 \text{ 個（目標利益率を達成する販売数量）}$$

2,400 個×@ 500 円＝1,200,000 円（目標利益率を達成する売上高）

　なお、販売数量ではなく売上高を x として、損益分岐点などを算定することもできます。この場合、例えば、（1）は次のようになります。

$$x - (0.6^{*}x + 240{,}000) = 0$$

$$x = 600{,}000 \text{ 円（損益分岐店の売上高）}$$

600,000 円÷500 円＝1,200 個（損益分岐点の販売数量）

　※変動費率（600,000 円÷ 1,000,000 円）

　このような計算を行うことにより、損益分岐点の売上高や目標利益（率）を達成するための売上高などを算定することが簡単にできます。

　また、企業の安全性を見る指標として、安全余裕率と損益分岐点比率があります。**安全余裕率**は、現在（あるいは予測）の売上高から、あとどのくらい売上高が減少したときに損益分岐点となるかを示したものです。他方、**損益分岐点比率**は、現在（あるいは予測）の売上高に対する損益分岐点の売上高の比率を示したものです。

$$\text{安 全 余 裕 率} = \frac{\text{現仕（あるいは予測）の売上高 － 損益分岐点の売上高}}{\text{現在（あるいは予測）の売上高}}$$

$$\text{損益分岐点比率} = \frac{\text{損益分岐点の売上高}}{\text{現在（あるいは予測）の売上高}}$$

　なお、両者の関係として、**安全余裕率＋損益分岐点比率＝ 1**、となります。

設例 12-2 設例 12-1 の企業の安全余裕率と損益分岐点比率を求めなさい。

解答

$$安全余裕率 = \frac{1,000,000\ 円 - 600,000\ 円}{1,000,000\ 円} = 40\ \%$$

$$損益分岐点分析 = \frac{600,000\ 円}{1,000,000\ 円} = 60\%$$

《CVP 分析の伝統的な公式》

損益分岐点の売上高の計算などは、次の公式により求めることもできます

(1) 損益分岐点の売上高 $= \dfrac{固定費}{1 - \dfrac{変動費}{売上高}} = \dfrac{固定費}{1 - 変動費率} = \dfrac{固定費}{貢献利益率}$

売上高に対する、変動費の割合を変動費率、貢献利益の割合を貢献利益率といいます。

変動費率 + 貢献利益率 = 1

(2) 損益分岐点の販売数量 $= \dfrac{固定費}{単位当たり貢献利益}$

(3) 目標営業利益を達成する売上高 $= \dfrac{固定費 + 目標営業利益額}{貢献利益率}$

(4) 目標営業利益率を達成する売上高 $= \dfrac{固定費}{貢献利益率 + 目標営業利益率}$

(4) CVP の感度分析

これまでの説明から明らかなように、製品の販売価格、単位当たり変動費および固定費の金額が算定（予測）できれば、損益分岐点の売上高や目標利益を達成するための売上高などが計算できます。しかしながら、各要素の1つでも変化すれば、損益分岐点も変化します。

　このとき、関係する1つの変数が変動した場合、結果がどれだけ変化するかを分析することを**感度分析**といいます。つまりCVPの感度分析とは、製品の販売価格、販売数量、単位当たり変動費および固定費などが変化したら、営業利益がどれだけ変化するかを分析することです。

設例 12-3 設例12-1の資料に基づいて、次の設問の数値を答えなさい。
(1) 他の条件は変えずに、販売価格だけ550円に値上げした場合の営業利益
(2) 他の条件は変えずに、単位当たり変動費を250円に引き下げた場合の損益分岐点の売上高と販売数量
(3) 他の条件は変えずに、固定費を200,000円に引き下げた場合の損益分岐点の売上高と販売数量
(4) 販売単価は変えずに、単位当たり変動費を250円にし、固定費も200,000円に引き下げた場合の売上高と販売数量

解答
(1) 2,000個×@550円 −(2,000個×@300円＋240,000円)＝260,000円
(2) 500x −(250x＋240,000)＝0
$$250x = 240,000$$
$$x = 960 個（損益分岐点の販売数量）$$
　960個×@500円＝480,000円（損益分岐点の売上高）
(3) 500x −(300x＋200,000)＝0
$$200x = 200,000$$
$$x = 1,000 個（損益分岐点の販売数量）$$
　1,000個×@500円＝500,000円（損益分岐点の売上高）
(4) 500x −(250x＋200,000)＝0
$$250x = 200,000$$
$$x = 800 個（損益分岐点の販売数量）$$
　800個×@500円＝400,000円（損益分岐点の売上高）

3 原価の固変分解

　CVP分析を行うためには、原価を固定費と変動費に区分する必要があります。これを、原価の固変分解といいます。固変分解の方法にはいくつかありますが、ここでは、①費目別精査法と②高低点法について説明します。

①費目別精査法

　費目別精査法は、会計的方法ともいわれ、費目ごとに原価を固定費か変動費かに分類する方法です。この方法は、手続が簡単ですが、会計担当者の恣意性が介入するため、信頼性に欠ける点があります。この方法により固定費でも変動費でもないと分類された費目については、高低点法などにより、さらに固定費部分と変動費部分に分類されます。

②高低点法

　高低点法は、過去一定期間における実績データを基に、「最高操業度における原価額」と「最低操業度における原価額」を選び出し、その数値から単位当たりの変動費と固定費を推定する方法です。単位当たりの変動費と固定費は、次のように計算します。ただし、異常な数値（例えば、正常操業圏外のデータ）がある場合には、その数値は使用しません。

$$単位当たりの変動費 = \frac{最高操業度の原価 - 最低操業度の原価}{最高操業度 - 最低操業度}$$

$$固定費 = 最高操業度の原価 - 最高操業度 \times 単位当たり変動費$$

$$= 最低操業度の原価 - 最低操業度 \times 単位当たり変動費$$

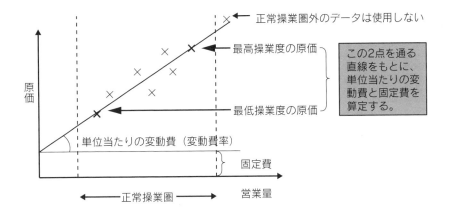

正常操業圏外のデータは使用しない

最高操業度の原価

この2点を通る直線をもとに、単位当たりの変動費と固定費を算定する。

最低操業度の原価

原価

単位当たりの変動費（変動費率）

固定費

正常操業圏

営業量

設例 12-4 次の資料に基づき、高低点法により原価の固変分解を行いなさい。なお、正常操業圏は、直接作業時間 500 時間から 900 時間である。

《資料》

	1 月	2 月	3 月	4 月	5 月
直接作業時間（単位：時間）	650	550	480	720	850
原価発生額（単位：円）	207,000	190,000	178,000	221,000	250,000

解答・解説

　正常操業圏が 500 時間から 900 時間であるため、3 月のデータは使用せず、2 月と 5 月のデータを使用して固変分解を行います。

$$\text{単位当たりの変動費：} \frac{250,000\,円 - 190,000\,円}{850\,時間 - 550\,時間} = @200\,円$$

固定費（月額）：250,000 円 − 850 時間 × 200 円／個 = 80,000 円

あるいは

190,000 円 − 550 時間 × 200 円／個 = 80,000 円

原価管理のための原価計算－標準原価計算－

　本章では、利益管理のための原価計算（CVP 分析）を説明しましたが、経営管理のための原価計算としては、それ以前に原価管理のための計算技法として標準原価計算が誕生していました。**標準原価計算**は、実際原価計算の欠点を補うために、20 世紀初頭のアメリカで科学的管理法の考え方を原価計算に取り入れて考案された原価計算です。第 11 章で説明した実際原価計算では、財務諸表作成のためには役立つものの、能率の尺度としては役割を果たさないということから誕生したものです。

　標準原価計算では、科学的・統計的な分析により、事前に製品単位当たりの原価標準（標準消費量×標準価格）を見積もります。これに基づき計算される標準原価と実際に発生した実際原価との差額（差異）の発生原因を分析し、是正措置を講じます。これにより、翌月以降の製造原価を目標（標準原価）に近づけ、原価の引き下げを可能とするのが標準原価計算です。

4 SANADA ブルワリーの利益計画

　SANADA ブルワリーでは、第 4 期の利益計画を策定する時期となりました。今期の実績をベースに予測した第 4 期の売上高は 9,000 万円、営業利益は 2,250 万円（売上高営業利益率 25 ％）となっています。

　上田社長は、次期の営業利益の目標額を 2,500 万円にしたいと考えています。そこで、CVP 分析を行うための原価の固変分解を行ったところ、6,750 万円の原価のうち、3,600 万円が変動費、3,150 万円が固定費であることが判明しました。これにより、各製品の販売単価や販売構成比に変化がないという前提で考えた場合、目標利益額を達成するための売上高は、次の計算で算定することができました。

変動費率：3,600 万円÷9,000 万円＝40 ％

$$x-(0.4x+3,150 万円)=2,500 万円$$

$$x ≒ 9,417 万円（目標利益を達成する売上高）$$

予測売上高（9,000 万円）の 5 ％弱売り上げを伸ばせば、達成可能となり

ます。また、経費節減に努め固定費を約5％、150万円削減できれば売上高
9,167万円程度で目標利益を達成できそうです。

　SANADAブルワリーでは、売上高の増加、固定費および変動費の削減を
さまざまな視点から見直し、次期営業利益の目標達成を実現するための方策
を検討中です。

確認問題

【問題1】

以下の資料に基づいて、各問に答えなさい。

《資料》

1. 次年度予測売上高：5,000,000円（5,000個×@1,000円）

2. 次年度予測原価：

　　変動費　2,500,000円（5,000個×@500円）

　　固定費　1,600,000円（年間）

3. 次年度予測営業利益：900,000円

〔問1〕損益分岐点の売上高と販売数量を求めなさい。

〔問2〕営業利益1,200,000円を達成するための売上高と販売数量を求めなさい。

〔問3〕目標営業利益率（売上高に対する営業利益の割合）25％を達成するための
　　　　売上高と販売数量を求めなさい。

〔問4〕予測売上高における安全余裕率と損益分岐点比率を求めなさい。

【問題2】

損益分岐点を引き下げるための方法をまとめなさい。

〈参考文献〉

岡本清（2000）『原価計算（六訂版）』国元書房

小林啓孝・伊藤嘉博・清水孝・長谷川惠一（2009）『スタンダード管理会計』東洋経済新
　報社

櫻井通晴（2021）『管理会計（第7版）』同文舘出版

建部宏明・山浦裕幸・長屋信義（2023）『基本管理会計（第二版）』同文舘出版

第13章

意思決定のための
原価計算
－設備投資の経済性計算を中心に－

―本章のねらい―

◇ 経営意思決定の意義と分類を理解する。

◇ 差額原価収益分析について理解する。

◇ 設備投資の経済性計算について理解する。

③設備投資の評価法を知ろう！

　SANADA ブルワリーは、開業 6 年目を迎えました。業績は当初の予測よりもかなりよく、季節によっては生産が一部追いつかない状況も前期は生じていました。ただ、クラフトビールは賞味期間が短いため、閑散期に生産し、ストックしておくことも難しいです。

　そこで、工場内に新たな醸造設備を導入する計画を検討することになりました。開業時の設備投資は、必要最小限で行ってきましたが、今では売上や費用の予測などもある程度正確に立てられるようになっています。

　こうした状況において、設備投資（新たな醸造設備）を決定するためには、どのような考えや計算が必要でしょうか？

1 意思決定とは

(1) 意思決定の意義

　経営管理者は企業経営においてさまざまな問題に直面し、そのつど、適切な意思決定を下す必要があります。ここで経営意思決定とは、「経営管理者が一定の目標を達成するために、複数の代替案の中から1つの案を選択すること」と定義することができます。

　このとき経営意思決定は、その意思決定が経営構造そのものに関するものか否かにより、業務的意思決定と戦略的意思決定に分類されます。

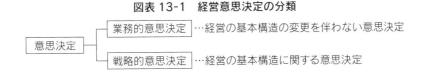

図表 13-1　経営意思決定の分類

　業務的意思決定は、経営の基本構造の変更を伴わない意思決定、つまり、経常的な経営活動の中で生じる諸問題を対象とした意思決定（新規注文の引受け可否、部品の自製か購入かに関する意思決定など）です。他方、**戦略的意思決定**は、経営の基本構造に関する意思決定であり、その効果が長期にわたる随時的な意思決定（設備投資や経営立地に関する意思決定など）です。

(2) 意思決定のプロセス

　経営意思決定のプロセスをまとめれば、図表13-2の通りです。このとき、代替案の数量化ならびに比較検討のプロセスにおいて原価計算が必要となります。なお、実際の経営意思決定においては、測定可能な定量的情報のみで判断が下されるわけではありません。数量化できない要素（自製していた部品を外注することにより部品の品質を完全に維持できるかなど）も経営管理者は考慮し、最終的な決定を行います。

①問題の明確化
②問題を解決するための代替案の列挙
③代替案の数量化
④代替案の比較検討ならびに選択　]←原価計算情報（差額原価収益分析）
⑤数量化できない要素の考慮
⑥経営管理者による決定

2 意思決定のための原価と差額原価収益分析

（1）意思決定のための原価

　意思決定は将来の活動内容を決めることです。したがって、必要となる原価も意思決定に関連する関連原価、すなわち未来原価でなければなりません。実際の意思決定において利用される原価にはさまざまなものがありますが、ここでは、①差額原価と②埋没原価について説明します。

①差額原価

　差額原価とは、特定の意思決定に関連して増減変化する原価であり、意思決定に関連する関連原価です。例えば、本屋に買い物に行く場合、自宅から本屋まで電車（電車代300円）でもバス（バス代500円）でも行けるとします。このとき、電車かバスのどちらで行くかを決めることが意思決定であり、電車代とバス代（の差額）が差額原価となります。

②埋没原価

　埋没原価とは、特定の意思決定に関連して増減変化しない原価であり、意思決定に関連しない無関連原価です。上記ケースでは、電車を選択しようがバスを選択しようが、購入する書籍は同じですから、書籍代は埋没原価となります。

（2）差額原価収益分析

　意思決定において代替案の中から1つの案を選択するために利用される技法が、**差額原価収益分析**です。差額原価収益分析は増分分析または差額分析

ともいわれ、意思決定のための特殊な原価情報を用いて行われる、特殊原価
調査の代表的な技法の1つです。

　差額原価収益分析では、そのときの意思決定が原価のみに関係するもので
あれば代替案の差額原価を計算し、最も有利な案を判定します。また、原価
だけでなく収益にも関係する意思決定の場合には、差額利益（＝差額収益－
差額原価）を計算し、判定します。

　差額原価収益分析では、その分析方法に①総額法と②差額法があります。

①総額法

　総額法はすべての代替案について、原価総額（収益にも関係する場合には
収益総額、原価総額および利益額）を計算し、差額原価（収益にも関係する
場合には差額収益、差額原価および差額利益）を明示することにより、最も
有利な案を判定していく方法です。上述した書籍購入に関する意思決定のた
めの資料を総額法で示せば次の通りであり、電車を利用した場合の原価が総
額として200円少ないことが示されます。これにより、会計的には電車を利
用することが有利な案であると判断できます。

	電車利用	バス利用	差　　額
電 車 代	300円	－	300円
バ ス 代	－	500円	△500円
書 籍 代	2,000円	2,000円	－
合 計	2,300円	2,500円	△200円

②差額法

　差額法はある代替案をベースとし、他の代替案との差額原価（収益にも関
係する場合には差額収益から差額原価を控除した差額利益）のみを明示する
ことにより、最も有利な案を判定していく方法です。書籍購入に関する意思
決定を差額法で示せば次の通りであり、電車を利用した場合の原価が200円
安くなることだけが示されます。

電車を利用した場合

差額原価：△200円（300円－500円）

両者を比較すると、総額法は各代替案の原価や収益の総額がわかる反面、意思決定に関連しない情報までが含まれることになります。他方、差額法は意思決定に関連する情報だけをまとめた資料であり、経営管理者に比較的理解されやすいです。ただし、代替案の数が多くなると、どの案を基準にすべきかなど複雑な面も出てきます。どちらの方法を用いるかは、その情報利用者である経営管理者にとっての理解しやすさで決める必要があります。

　以下では、戦略的意思決定の代表例である設備投資を取り上げ、その特徴や評価（経済性計算）を説明します。

3 設備投資の経済性計算

（1）設備投資に関する意思決定のための基礎知識

1) キャッシュ・フロー

　設備投資とは、固定設備（建物、機械装置など）の新設・取替・拡張・改良などのための資本支出のことです。設備投資の効果は長期にわたるため、発生主義に基づく期間利益ではなく、設備投資ためのキャッシュ・アウトフロー（現金流出額）と設備投資により得られるキャッシュ・インフロー（現金流入額）、つまり、キャッシュ・フロー（現金流出入額）により評価することが合理的です。

　このとき、意思決定において利用されるキャッシュ・フローは、一般的に税引後キャッシュ・フローです。これは税金（法人税など）が、企業にとってキャッシュ・アウトフローとなるからです。税金の算定のためには、会計上の利益の計算が必要となりますが、その計算にはキャッシュ・アウトフローを伴わない減価償却費も費用として含まれています。したがって、税引後キャッシュ・フローは、次のように計算できます。

　税引後キャッシュ・フロー

　＝ 税引後営業利益 ＋ 減価償却費

= {収益 － （現金支出費用 ＋ 減価償却費）} × （1 － 税率） ＋ 減価償却費

= 税引前営業利益 × （1 － 税率） ＋ 減価償却費

設例 13-1 次の資料に基づき、税引後キャッシュ・フローを算定しなさい。

《資料》

1. 収益（現金流入額）：2,000,000 円

2. 現金支出費用　1,000,000 円、減価償却費　400,000 円

3. 税率：40 ％

解答

税引後キャッシュ・フロー

= {2,000,000 円 － (1,000,000 円 ＋ 400,000 円)} × (1 － 0.4) ＋ 400,000 円

= 760,000 円

2) 貨幣の時間価値

　設備投資の意思決定において、キャッシュ・アウトフローとインフローが同時に一度だけ生じるのであれば、その評価は簡単です。しかしながら、設備投資はその効果が長期にわたるものであり、通常、キャッシュ・フローは、数年間にわたり発生します。この場合、貨幣の時間価値を考慮することが合理的となります。

　例えば、100 万円を年利 10 ％（複利）で預金した場合、1 年後には 110 万円（= 100 万円 × 1.1）、2 年後には 121 万円（= 100 万円 × 1.1^2）になります。つまり、年利 10 ％で考えた場合、現在の 100 万円は 1 年後の 110 万円、2 年後の 121 万円に等しいということです。このように、現在の貨幣価値（現在価値）を将来の貨幣価値（将来価値）に直すための計算を**複利計算**といいます。

　これに対し、1 年後の 100 万円は年利 10 ％で考えた場合、現在の約 91 万円（= 100 万円 ÷ 1.1）に等しいともいえます。このように将来価値を現在

価値に直すための計算は、複利計算の逆であり、**割引計算**といいます。

設備投資の意思決定においては、年々のキャッシュ・フローを設備投資の開始時点に統一させる、つまり、割引計算を行うことが一般的です。

このとき、n 年後の F 円を年利 r％で割り引いた場合、現在価値は次の式で求められます。

$$現在価値 = \frac{F}{(1+r)^n}$$

なお、割引計算により現在価値を求める場合、現価係数や年金現価係数を利用することが便利です（本章末「現価係数表と年金現価係数表」を参照）。現価係数は年利 r％のときの n 年後の 1 円の現在価値を示し、年金現価係数は毎年 1 円ずつ得られる場合の n 年後の獲得額の現在価値を示すものです。これらは、次の式で算定できます。

$$現 価 係 数 = \frac{1}{(1+r)^n}$$

$$年金現価係数 = \frac{(1+r)^n - 1}{r(1+r)^n} = \frac{1 - (1+r)^{-n}}{r}$$

例えば、年利 5％の 1 年後の現価係数は 0.9524（＝ 1 ÷ 1.05）ですので、1 年後の 10,000 円の現在価値は 9,524 円（＝ 10,000 円× 0.9524）と計算できます。

3) 資本コスト

設備投資のためには資金（銀行からの借入れや株式の発行など）が必要です。これらは無償で提供されるものではなく、借入金に対しては支払利息、株式については配当金などのコストがかかります。これが資本コストと呼ばれるものであり、少なくともこのコスト分は利益を上げなければなりません。資本コストを年利で表したものが資本コスト率であり、設備投資における最低所要利益率を示します。これは、設備投資の意思決定において将来価値を現在価値に割り引く際に用いられます。

（2）設備投資の経済性計算

　設備投資の経済性計算にはさまざまな方法がありますが、1）貨幣の時間価値を考慮しない方法と2）貨幣の時間価値を考慮する方法に大別できます。

図表 13-3　設備投資の経済性計算の諸方法

貨幣の時間価値を考慮しない方法 ── 単純回収期間法
　　　　　　　　　　　　　　　　 └─ 単純投資利益率法

貨幣の時間価値を考慮する方法 ──┬─ 正味現在価値法
　　　　　　　　　　　　　　　　├─ 収益性指数法
　　　　　　　　　　　　　　　　└─ 内部利益率法

1）貨幣の時間価値を考慮しない方法

　設備投資の経済性計算においては、貨幣の時間価値を考慮することが合理的ですが、時間価値を考慮しない方法もあります。単純回収期間法や単純投資利益率法がその代表的な方法であり、特に日本においては単純回収期間法が多くの企業で採用されています。

①単純回収期間法

　単純回収期間法は、投資額を回収するために必要な期間を計算し、これの短い方の投資案（あるいは基準とする期間を下回る投資案）を有利と判断する方法です。

$$回収期間 ＝ \frac{初期投資額}{年々のキャッシュ・インフロー}$$

　この方法は、投資の収益性を見るものではなく、安全性を重視した方法です。回収期間の短い投資が安全な投資であると考えます。

設例 13-2　SHINANO 工業では、設備投資の投資案 A、B について検討中である。初期投資額とキャッシュ・インフローは以下の資料に示す通りである。この資料に基づき、単純回収期間法により、どちらの投資案が有利か判定しなさい。

《資料》

（単位：万円）

投資案	初期投資額	キャッシュ・インフロー			
		1年度末	2年度末	3年度末	4年度末
A	－ 600	200	200	200	200
B	－ 500	120	160	240	160

解答・解説

投資案Bが有利です。

各投資案の回収期間は、年々の平均キャッシュ・フローを用い、次のように求められます。

$$投資案A = \frac{600\,万円}{200\,万円} = 3.0\,（年）$$

$$投資案B = \frac{500\,万円}{(120\,万円 + 160\,万円 + 240\,万円 + 160\,万円) \div 4\,年} \fallingdotseq 2.94\,（年）$$

なお、投資案Bのように年々のキャッシュ・インフローが異なる場合には、平均値を用いず、年々のキャッシュ・インフローを累積していき、回収期間を求める方法もあります。この方法で計算すると回収期間は次のようになります。

$$回収期間：2\,年（2年度末で280万円を回収）+ \frac{220\,万円}{240\,万円} \fallingdotseq 2.92\,（年）$$

②単純投資利益率法

単純投資利益率法は、投資額に対する年間平均利益額の比率を計算し、この比率の高い投資案（あるいは目標とする比率を上回る投資案）を有利と判断する方法です。このときの利益の金額は、会計上の利益を用いる場合とキャッシュ・フローを用いる場合があります。また、投資額についても、投資総額で計算する場合と平均投資額（＝投資総額÷2）で計算する場合があります。

キャッシュ・フローを用いた投資利益率は、次の式で求められます。

$$投資利益率 = \frac{\left(\begin{array}{c}年々のキャッシュ・\\フローの合計額\end{array} - 総投資額\right) \div 投資年数}{総投資額（あるいは平均投資額）} \times 100$$

この方法は、単純回収期間法と異なり、投資の収益性を重視した方法です。

設例 13-3 設例13-2の資料に基づき、キャッシュ・フローを用いた投資利益率を算定し、どちらの投資案が有利か判定しなさい。なお、投資額は総投資額を用いて計算すること。

解答・解説

投資案Bが有利です。

各投資案の投資利益率は、次のように計算できます。

投資案A：$\dfrac{(200万円 + 200万円 + 200万円 + 200万円 - 600万円) \div 4}{600万円} \fallingdotseq 8.3\%$

投資案B：$\dfrac{(120万円 + 160万円 + 240万円 + 160万円 - 500万円) \div 4}{500万円} = 9.0\%$

2) 貨幣の時間価値を考慮する方法

すでに説明した通り、その効果が長期にわたる設備投資の経済性計算においては、貨幣の時間価値を考慮し、投資案の有利・不利を判断することが理論上は合理的です。

①正味現在価値法

正味現在価値法は、現在価値合計額から投資額を差し引くことにより正味現在価値を求め、その金額の大小により投資案の優劣を決める方法です。このとき、現在価値合計額は、投資により得られる年々のキャッシュ・フローを資本コストで割り引くことにより算定します。なお、正味現在価値が負の値になる場合には、その投資案を棄却すべきです。

$$正味現在価値 = \frac{CF_1}{(1+r)} + \frac{CF_2}{(1+r)^2} + \cdots + \frac{CF_n}{(1+r)^n} - I_0$$

※ CF_n：n 年後のキャッシュ・インフロー、I_0：初期投資額

設例 13-4 設例 13-2 の資料に基づき、正味現在価値法により、どちらの投資案が有利か判定しなさい。なお、資本コスト率（割引率）は 10 ％である。また、現価係数および年金現価係数は、次の通りである。

	1 年	2 年	3 年	4 年
現 価 係 数	0.9091	0.8264	0.7513	0.6830
年金現価係数	0.9091	1.7355	2.4869	3.1699

解答・解説

投資案 A が有利です。

現価係数と年金現価係数が示されているので、正味現在価値は次のように算定できます。

投資案 A：200 万円 × 3.1699（4 年の年金現価係数）− 600 万円 = 33.98 万円

投資案 B：120 万円 × 0.9091 + 160 万円 × 0.8264 + 240 万円 × 0.7513

　　　　　+ 160 万円 × 0.6830 − 500 万円 = 30.908 万円

※投資案 A は、年々のキャッシュ・フローが同額のため、年金現価係数を利用し計算できます。

なお、正味現在価値は、現価係数や年金現価係数を使用しなくても、次のように計算できます。

投資案 A：$\dfrac{200\,万円}{(1+0.1)} + \dfrac{200\,万円}{(1+0.1)^2} + \dfrac{200\,万円}{(1+0.1)^3} + \dfrac{200\,万円}{(1+0.1)^4} - 600\,万円 ≒ 33.98\,万円$

投資案 B：$\dfrac{120\,万円}{(1+0.1)} + \dfrac{160\,万円}{(1+0.1)^2} + \dfrac{240\,万円}{(1+0.1)^3} + \dfrac{160\,万円}{(1+0.1)^4} - 500\,万円 ≒ 30.908\,万円$

②収益性指数法

収益性指数法は、キャッシュ・フローの現在価値合計額を投資額で割ることにより収益性指数を求め、その大小により投資案の優劣を決める方法で

す。ただし、収益性指数が1より小さい場合には、その投資案を棄却すべき
です。この方法は、正味現在価値法とは異なり、効率性を重視した方法とな
ります。

$$収益性指数 = \frac{キャッシュ・フローの現在価値合計額}{初期投資額}$$

設例 13-5 設例13-2の資料に基づき、収益性指数法により、どちらの投資案
が有利か判定しなさい。なお、資本コスト率は10%である。

解答・解説

投資案Bが有利です。

各投資案の収益性指数は、次のように計算できます。

$$投資案A：\frac{633.98万円^{1)}}{600万円} ≒ 1.057$$

$$投資案B：\frac{530.908万円^{2)}}{500万円} ≒ 1.062$$

1)、2)　設例13-4で計算した現在価値合計額

設例13-4と13-5を比較するとわかるように、正味現在価値法では有利で
あると判定された投資案Aですが、それは初期投資額が大きいからであり、
収益性指数では投資案Bを下回る（効率性が低い）結果となっています。

内部利益率法

　内部利益率法は、キャッシュ・フローの現在価値合計額と投資額が一致する割引率（これを内部利益率といいます）を算定し、これと資本コスト率とを比較することにより、投資の是非を判断する方法です。

　設例13-2（資本コスト率10％）の投資案Aについて考えた場合、まず、キャッシュ・フローの現在価値合計額と投資額が一致するための年金現価係数は3（＝600万円÷200万円）となります。3という年金現価係数は、n＝4年の場合、年利12％（年金現価係数：3.0373）と13％（同：2.9745）の間となります。つまり、投資案Aの内部利益率は、資本コスト10％より大きくなるため、この投資案を実行することが有利となります。なお、投資案Bのように年々のキャッシュ・フローが異なる場合には、キャッシュ・フローの平均値を用いて計算します。

4 SANADA ブルワリーの設備投資

　SANADA ブルワリーでは、設備投資の計画に当たり、まず、これまでの実績の分析と今後の商品展開を踏まえた需要予測を専門のコンサルタントを交え行いました。その結果、今後もかなりの需要が見込めることから、設備投資を行うことが決定しました。

　需要予測に基づいて候補に挙がる設備は、他社が使用し売却した中古設備（1,000万円）と新品の設備（3,000万円）の2つとなります。いずれも生産能力は同程度で、ランニングコストも大差ない見込みです。ただ、中古設備は5年〜10年以内には買い替えが必要となります。

　SANADA ブルワリーは、業績が順調とはいえ、開業5年程度で資金が潤沢というわけではありません。新品の設備を導入する資金の目途は何とか立ちますが、今回は安全性を重視し、投資資金の回収期間が短い中古設備を導入する方向で検討が進んでいます。導入した中古設備の取り換え時期には、開業時に導入した設備も使用期間が10年を超えることになりますので、その時期に合わせて、安全性だけではなく収益性も踏まえた評価を行い、全社

220

的な設備投資を検討することにしました。

確認問題

【問題1】

千葉工業㈱では、2つの投資案A、Bが提案された。いずれも現時点で35,000,000円の投資額を必要とする。また2つの投資プロジェクトからもたらされる利益（増分現金流入額）は、以下の資料の通りである。この資料に基づき、①単純回収期間法、②単純投下資本利益率法、③正味現在価値法により、両投資案の順位付けを行いなさい。なお、資本コスト率は10％である。

〈資料〉

（単位：円）

投資案	1年度末	2年度末	3年度末	4年度末	5年度末
A	15,000,000	15,000,000	12,000,000	10,000,000	−
B	10,000,000	10,000,000	10,000,000	15,000,000	15,000,000

〈参考〉資本コスト率10％における、現価係数

1年	2年	3年	4年	5年
0.9091	0.8264	0.7531	0.6830	0.6209

【問題2】

設備投資の経済性計算のためのさまざまな方法について、その特徴をまとめなさい。

〈参考文献〉

加登豊（2008）『インサイト管理会計』中央経済社

小林啓考・伊藤嘉博・清水孝・長谷川惠一（2009）『スタンダード管理会計』東洋経済新報社

櫻井通晴（2021）『管理会計（第7版）』同文舘出版

建部宏明・山浦裕幸・長屋信義（2023）『基本管理会計（第2版）』同文舘出版

〈参考〉現価係数表と年金現価係数表

現価係数表

r＼n	1 %	2 %	3 %	4 %	5 %	6 %	7 %	8 %	9 %	10 %
1	0.9901	0.9804	0.9709	0.9615	0.9524	0.9434	0.9436	0.9259	0.9174	0.9091
2	0.9803	0.9612	0.9426	0.9246	0.9070	0.8900	0.8734	0.8573	0.8417	0.8264
3	0.9706	0.9423	0.9151	0.8890	0.8638	0.8396	0.8163	0.7938	0.7722	0.7513
4	0.9610	0.9238	0.8885	0.8548	0.8227	0.7921	0.7629	0.7350	0.7084	0.6830
5	0.9515	0.9057	0.8626	0.8219	0.7835	0.7473	0.7130	0.6806	0.6499	0.6209
6	0.9420	0.8880	0.8375	0.7903	0.7462	0.7050	0.6663	0.6302	0.5963	0.5645
7	0.9327	0.8706	0.8131	0.7599	0.7107	0.6651	0.6227	0.5835	0.5470	0.5132
8	0.9235	0.8535	0.7894	0.7307	0.6768	0.6274	0.5820	0.5403	0.5019	0.4665
9	0.9143	0.8368	0.7664	0.7026	0.6446	0.5919	0.5439	0.5002	0.4604	0.4241
10	0.9053	0.8203	0.7441	0.6756	0.6139	0.5584	0.5083	0.4632	0.4224	0.3855

r＼n	11 %	12 %	13 %	14 %	15 %	16 %	17 %	18 %	19 %	20 %
1	0.9009	0.8929	0.8850	0.8772	0.8696	0.8621	0.8547	0.8475	0.8403	0.8333
2	0.8116	0.7972	0.7831	0.7695	0.7561	0.7432	0.7305	0.7182	0.7062	0.6944
3	0.7312	0.7118	0.6931	0.6750	0.6575	0.6407	0.6244	0.6086	0.5934	0.5787
4	0.6587	0.6355	0.6133	0.5921	0.5718	0.5523	0.5337	0.5158	0.4987	0.4823
5	0.5935	0.5674	0.5428	0.5194	0.4972	0.4761	0.4561	0.4371	0.4190	0.4019
6	0.5346	0.5066	0.4803	0.4556	0.4323	0.4104	0.3898	0.3704	0.3521	0.3349
7	0.4817	0.4523	0.4251	0.3996	0.3759	0.3538	0.3332	0.3139	0.2959	0.2791
8	0.4339	0.4039	0.3762	0.3506	0.3269	0.3050	0.2848	0.2660	0.2487	0.2326
9	0.3909	0.3606	0.3329	0.3075	0.2843	0.2630	0.2434	0.2255	0.2090	0.1938
10	0.3522	0.3220	0.2946	0.2697	0.2472	0.2267	0.2080	0.1911	0.1756	0.1616

年金現価係数表

r＼n	1 %	2 %	3 %	4 %	5 %	6 %	7 %	8 %	9 %	10 %
1	0.9901	0.9804	0.9709	0.9615	0.9524	0.9434	0.9346	0.9259	0.9174	0.9091
2	1.9704	1.9416	1.9135	1.8861	1.8594	1.8334	1.8080	1.7833	1.7591	1.7355
3	2.9410	2.8839	2.8286	2.7751	2.7232	2.6730	2.6243	2.5771	2.5313	2.4869
4	3.9020	3.8077	3.7171	3.6299	3.5460	3.4651	3.3872	3.3121	3.2397	3.1699
5	4.8534	4.7135	4.5797	4.4518	4.3295	4.2124	4.1002	3.9927	3.8897	3.7908
6	5.7955	5.6014	5.4172	5.2421	5.0757	4.9173	4.7665	4.6229	4.4859	4.3553
7	6.7282	6.4720	6.2303	6.0021	5.7864	5.5824	5.3893	5.2064	5.0330	4.8684
8	7.6517	7.3255	7.0197	6.7327	6.4632	6.2098	5.9713	5.7466	5.5348	5.3349
9	8.5660	8.1622	7.7861	7.4353	7.1078	6.8017	6.5152	6.2469	5.9952	5.7590
10	9.4713	8.9826	8.5302	8.1109	7.7217	7.3601	7.0236	6.7101	6.4177	6.1446

r＼n	11 %	12 %	13 %	14 %	15 %	16 %	17 %	18 %	19 %	20 %
1	0.9009	0.8929	0.8850	0.8772	0.8696	0.8621	0.8547	0.8475	0.8403	0.8333
2	1.7125	1.6901	1.6681	1.6467	1.6257	1.6052	1.5852	1.5656	1.5465	1.5278
3	2.4437	2.4018	2.3612	2.3216	2.2832	2.2459	2.2096	2.1743	2.1399	2.1065
4	3.1024	3.0373	2.9745	2.9137	2.8550	2.7982	2.7432	2.6901	2.6386	2.5887
5	3.6959	3.6048	3.5172	3.4331	3.3522	3.2743	3.1993	3.1272	3.0576	2.9906
6	4.2305	4.1114	3.9975	3.8887	3.7845	3.6847	3.5892	3.4976	3.4098	3.3255
7	4.7122	4.5638	4.4226	4.2883	4.1604	4.0386	3.9224	3.8115	3.7057	3.6046
8	5.1461	4.9676	4.7988	4.6389	4.4873	4.3436	4.2072	4.0776	3.9544	3.8372
9	5.5730	5.3282	5.1317	4.9464	4.7716	4.6065	4.4506	4.3030	4.1633	4.0310
10	5.8892	5.6502	5.4262	5.2161	5.0188	4.8332	4.6586	4.4941	4.3389	4.1925

第 14 章

会計キャリア
－会計に関する仕事と資格－

―本章のねらい―

◇会計に関する仕事を理解する。

◇簿記検定の試験概要について理解する。

◇公認会計士や税理士の資格や試験概要について理解する。

会計に関する仕事がしたい！

　経営学部 1 年に在籍する谷口さんは、卒業後の進路や目指す資格について悩んでいます。高校生の時に、職業体験で銀行員の方の話を聞く機会があり、その方は公認会計士の資格も持っていました。仕事の内容ややりがいを聞いて、会計や経理の仕事に興味を持ち、経営学部を志望しました。大学では、簿記の授業も受けています。

　来年 2 年生になると、専門科目の履修も始まります。できれば、早めに将来の仕事について具体的なイメージを持ち、インターンにも応募したいと考えています。ただし、漠然と会計に関する仕事に就きたいとは考えていますが、具体的にどのような仕事があるのか、あまりわかっていません。資格については、公認会計士や税理士などの資格があることは知っていますが、試験内容や取得後の進路についてもあまりイメージがありません。そこで、サークルの先輩である田村さんに相談してみることにしました。田村さんは公認会計士試験に向けた勉強を始めたそうです。

1　会計に関する仕事

　会計は「事業の言語」といわれ、企業の経済活動の結果を利害関係者に伝える仕組みです。本書では、この会計の仕組みについて、財務会計（第2章から第11章）と管理会計（第12章および第13章）に分けて学んできました。では、企業活動を支える会計について、どのような仕事や業務があるのでしょうか。また、会計に関する資格にはどのようなものがあるのでしょうか。本章では会計に関する仕事と資格について説明し、会計キャリアについて考えていきます。

　本節では、まず会計に関する仕事について説明します。会計に関する仕事は大きく、企業において帳簿の記帳・財務諸表の作成などを行う経理や事業に必要な資金の調達・管理などを行う財務に関する仕事と、職業専門家として企業が作成した財務諸表の監査や税務申告のサポートなどを行う仕事に分けることができます。それぞれ具体的に見ていきましょう。

（1）企業における会計の仕事

　企業における会計の仕事の中心は「経理」でしょう。経理とは、日々の事業活動を記録し、会社のお金の流れを管理する仕事です。具体的には、伝票の作成や帳簿の記帳、財務諸表の作成、入出金の管理などが主な業務となります。税金の支払いや年末調整なども経理の業務です。さらに、経理の担当者は、経営者からの指示に従い、経営計画の策定やその管理に必要な会計情報の提供や経営分析のための資料作成なども行います。もしかしたら、経理の仕事に多少地味なイメージを持たれる方もいると思いますが、実際には、企業の経営管理や意思決定に必要な情報提供を行うとても重要な仕事です。

　また、「財務」も会計に関する仕事でしょう。財務とは、企業が事業に必要な資金の調達・管理等を行う仕事です。財務の担当者は、資金調達計画を策定し、銀行などからの借入金の条件に関する交渉や、社債の発行に関する手続きなどを行います。予算策定やその管理なども財務の業務です。経理や

227

財務の仕事は、会社の規模などにより、同一の部署で行っている場合や、財務については経営管理部署が担っている場合などもあります。

　なお、経理と財務以外の仕事でも会計に関する知識は必要です。例えば、仕入や購買の担当者は、取引先の経営状況を知るために、財務諸表を入手して分析をすることがあります。営業担当者も同じく、顧客の財務諸表を理解するために、会計の知識は必要でしょう。会計は英語やITなどと同様に社会人としての必須のスキルの1つになっています。

（2）職業専門家として行う仕事

　上場企業や一定規模以上の企業については、作成した財務諸表について、監査を受ける必要があります。このような監査は公認会計士または監査法人により行われます。企業や個人が税務申告を行う場合や税務調査を受ける場合などには、税理士のサポートを受けることが多くあります。企業がM＆Aなどを行う場合には、買収先の企業の評価を公認会計士や監査法人などに委託することや、複雑な会計処理や税務処理について、公認会計士や税理士に相談することなども多くあります。このように職業専門家として、監査、税務、コンサルティングなどの業務を通じて、企業や個人の活動を支えることも会計の仕事です。また、ほかにも国税局や税務署で国税専門官として働く仕事もあります。国税専門官は公務員であり、税務のスペシャリストとして、国税調査官、国税徴収官または国税査察官の業務を行います。監査は会計制度や証券市場を支える重要な役割を担っています。また、税務は社会において課税の公平性を保つために重要な役割を果たしており、いずれも経済の発展において大切な機能です。このような仕事に職業専門家として従事することは、忙しく大変ではありますが、とてもやりがいのある仕事です。

　なお、これまで企業における会計の仕事と職業専門家として行う仕事を分けて説明してきましたが、会計キャリアを考えるうえでは、どちらかを選択するものではありません。近年は会計に関わる人材は流動化しています。例えば、企業の経理部で働いていた方が、資格を取得して職業専門家となる

ケースや、監査法人で働いていた公認会計士の方が、企業の中において活躍
しているケースなども多く見られます。

Column

監査法人とは

　監査法人とは、企業の監査を組織的に行うために設立された法人で、5 人以上の
公認会計士が出資することで設立できます。日本における監査法人の数は 2023 年
末時点で 284 法人（日本公認会計士協会の会員数）となっています。海外では、監
査法人は会計事務所（Accounting Firm）と呼ばれています。企業の大型化やグロー
バル化に伴い、世界には 4 大会計事務所（Big4）と呼ばれる巨大な会計事務所が存
在します。日本においてもそれぞれ提携する監査法人があり、いずれの監査法人も
1,000 人以上の公認会計士が所属する大規模監査法人です。上場企業に対する監査
はこのような大規模監査法人によって行われることが多く、寡占化が進んでいます。

4 大会計事務所	日本における提携先
KPMG	有限責任あずさ監査法人
EY	EY 新日本有限責任監査法人
PwC	PwC Japan 有限責任監査法人
Deloitte	有限責任監査法人トーマツ

　なお、有限責任監査法人とは、本来監査法人の設立者は無限連帯責任を負ってい
ますが、大規模監査法人となると責任を負いきるのは非現実的であることから、有
限責任とすることが認められた監査法人の形態をいいます。

2　会計に関する資格

　本章 1 では、会計に関する仕事について、企業における経理・財務など
の仕事や職業専門家が行う監査・税務などの仕事について説明しました。こ
のような会計に関する仕事には、さまざまな会計に関する資格があります。
資格は会計に関する知識や技能を習得していることを示す証明書のようなも

のであり、会計キャリアを構築していく上では保有しておいた方がいいでしょう。会計に関する資格は多くありますが、本節では、会計に関する代表的な資格として「簿記検定」、「公認会計士」および「税理士」について説明します。

(1) 簿記検定

　簿記検定は、簿記に関する知識や技能の習得状況を示す資格であり、主として、商工会議所が実施する試験（日商簿記検定）や公益社団法人全国経理教育協会が実施する試験（全経簿記検定）などがあります。ここでは、一般的に知られている日商簿記検定を取り上げて説明します。

　日商簿記検定は、商工会議所法という法律に基づいて、商工会議所が全国統一の基準により実施している公的試験です。日商簿記検定のホームページによると、簿記検定資格は多くの企業において取得が推奨されており、大学や短大などでの推薦入試や単位認定基準などにも採用されています。企業における認知度も高く、大学生にとっては就職活動において自身の学習成果を示す材料として利用できるでしょう。

　試験は1級、2級、3級、簿記初級、原価計算初級の5段階に分かれており、1級から3級までの試験の概要は図表14-1の通りです。

図表 14-1　日商簿記検定の概要

	レベル	試験科目	試験時間	合格基準
1級	極めて高度な商業簿記・会計学・工業簿記・原価計算を修得し、会計基準や会社法、財務諸表等規則などの企業会計に関する法規を踏まえて、経営管理や経営分析を行うために求められるレベル	商業簿記 会計学 工業簿記 原価計算	商業簿記、会計学：90分、工業簿記、原価計算：90分	70％以上 ただし、1科目ごとの得点は 40％以上
2級	高度な商業簿記・工業簿記（原価計算を含む）を修得し、財務諸表の数字から経営内容を把握できるなど、企業活動や会計実務を踏まえ適切な処理や分析を行うために求められるレベル	商業簿記 工業簿記	90分	70％以上
3級	基本的な商業簿記を修得し、小規模企業における企業活動や会計実務を踏まえ、経理関連書類の適切な処理を行うために求められるレベル	商業簿記	60分	70％以上

出所：日本商工会議所・各地商工会議所ホームページからの抜粋

　上記の通り、簿記検定は3級から順にチャレンジし、ステップアップしていくことで会計の基本である簿記の知識や技能の習得状況の目安となります。職業専門家として公認会計士や税理士等の国家資格を目指す方にとってはエントリー的な資格となります。

（2）公認会計士

　公認会計士は、監査および会計の専門家として、公認会計士法に定められる国家資格です。会計制度において重要な役割を担う監査は、公認会計士だけに与えられた業務です。また、公認会計士の仕事は監査だけではありません。日本公認会計士協会のホームページでは、公認会計士の仕事について、監査、税務、コンサルティングの3つの仕事を挙げています。公認会計士になるためには、公認会計士試験に合格することが必要です。そして、2年以

上の実務経験と日本公認会計士協会が実施する実務補習を受け、修了考査に合格することで、公認会計士として登録ができるようになります。日本での公認会計士数（日本公認会計士協会の会員数）は、2023年末時点で約35,000人です。

それでは、公認会計士試験の概要について見ていきましょう。公認会計士試験は、金融庁に置かれた公認会計士・監査審査会により短答式試験、論文式試験の2段階で実施されます。具体的な試験科目等については、図表14-2を参照してください。短答式試験の合格者は、以後2年間は論文式試験に不合格となっても、短答式試験の受験は免除されます。また、会計専門職大学院において、所定の科目に関する研究および指定以上の単位数を履修したうえで、修士（専門職）の学位を授与された場合には、短答式試験のうち、一部の科目が免除される制度があります。

図表 14-2　公認会計士試験の概要

	科目	配点、試験時間
短答式試験 （4科目）	財務会計論	200点、120分
	管理会計論	100点、60分
	監査論	100点、60分
	企業法	100点、60分
論文式試験 （5科目）	会計学	300点、300分
	監査論	100点、120分
	企業法	100点、120分
	租税法	100点、120分
	選択科目（経営学、経済学、民法、統計学の中から1科目を選択）	100点、120分

出所：令和6年公認会計士試験受験案内より抜粋

公認会計士試験は、合格に向けては相当な準備が必要であり、合格率も全体では10％を下回る場合もある難関資格です。公認会計士・監査審査会に

図表 14-3　公認会計士試験合格者に占める 25 歳未満や女性の割合

	合格者数	25 歳未満		女性	
		合格者数	割合	合格者数	割合
平成 29 年	1,231	662	53.8 %	242	19.7 %
平成 30 年	1,305	803	61.5 %	266	20.4 %
令和元年	1,337	793	59.3 %	315	23.6 %
令和 2 年	1,335	806	60.4 %	328	24.6 %
令和 3 年	1,360	885	65.1 %	297	21.8 %

出所：「公認会計士・監査審査会パンフレット（令和 4 年度版）」内のデータより筆者作成

よると、近年では 25 歳未満の合格者が全体の 6 割を超えており、合格者の若年化が進んでいます。また、女性の合格者も増加傾向にあり、300 名を超える年もあります（図表 14-3 参照）。

（3）税理士

　税理士は、税務の専門家として、税理士法に定められる国家資格です。税理士は、税務代理、税務書類の作成、税務相談、e-TAX の代理送信などの業務を行います。中小企業においては、税理士は経営者の相談相手として重要な存在です。税理士になるためには、税理士試験に合格することが必要です。そして 2 年以上の実務経験を経て、税理士として登録ができるようになります。なお、弁護士や公認会計士も日本税理士会連合会に登録することで税理士となることができます。税理士の登録者数は、2023 年末時点で約 81,000 人です。

　それでは、税理士試験の概要について見ていきましょう。税理士試験は、国税庁により実施され、会計学に属する科目（2 科目）と税法に属する科目（3 科目）について行われます。具体的な試験科目については、図表 14-4 を参照してください。税理士試験は科目合格制をとっており、一度にすべての科目を受験する必要はなく、1 科目ずつ受験することも可能です。また、大学院で「税法」または「会計学」に属する科目等の研究（主に修士論文の執

筆）を行い、一定の要件を満たした場合、税理士試験での試験科目が免除される制度があります。

　なお、税理士試験のうち、税法に属する科目については受験資格があり、①学識による受験資格、②資格による受験資格、③職歴のよる受験資格が定められています。それぞれ証明書類などの詳細な規定がありますので、試験を受ける際には、国税庁のホームページを確認してください。

図表 14-4　税理士試験の概要

	科目	合格基準
会計学に属する科目 （2科目）	簿記論 財務諸表論	満点の 60 %
税法に属する科目 （3科目）	所得税法、法人税法、相続税法、消費税法または酒税法、国税徴収法、住民税または事業税、固定資産税の中から3科目（ただし、所得税法または法人税法のいずれかは必ず選択）	

出所：第73回税理士試験受験案内より抜粋

　税理士試験も合格に向けては相当の準備が必要であり、科目ごとの合格率も概ね 10 ％から 30 ％の間にある難関資格です。ただし、公認会計士試験に比べると1科目ずつの受験も可能であることから、取り組みやすい資格であるでしょう。

```
Column
```

組織内会計士とは

　組織内会計士とは、公認会計士の資格を持って、企業や行政機関などで業務に従事している者のことをいいます。日本公認会計士協会のホームページによると、組織内会計士の主な業務としては、経理、財務、IR、プロジェクト管理などの業務が挙げられています。企業では事業のグローバル化や多角化により、会計処理や財務諸表の作成は複雑化しています。また、国際財務報告基準（IFRS）の導入などにおいては、専門的な会計知識を持った人材は不可欠です。

　このように組織内会計士として活躍している人の数は、2014 年末では 985 名※でしたが、2022 年末では 2,364 名※と増加していることがわかります。
　※日本公認会計士協会組織内会計士ホームページにおける組織内会計士ネットワーク会員数（正会員）

3 会計に関する仕事がしたい！

　谷口さんは、田村さんからじっくり話を聞くことができ、これまで漠然としていた会計に関する仕事のイメージが少し見えてきました。谷口さんはこれまでの自身の考えや夢を振り返り、金融機関において経理の仕事に就きたいと思うようになりました。金融機関は金融インフラの整備を通じて経済活動を支える社会的な役割を担っており、堅実な経営が求められる一方、株式会社として投資家に対する責任も果たしていかなければなりません。このような企業において、財務諸表の作成や経営管理の業務に携わることにより、自身の会計キャリアを構築していきたいと考えました。今後はいくつかの金融機関のインターンにも応募する予定です。

　また、公認会計士試験にもチャレンジすることにしました。在学中に短答式試験の合格を目指して、スケジュールを立てて取り組むつもりです。公認会計士試験に合格することで、自身の会計キャリアの幅を広げていくことができると考えています。

〈参考文献〉
上野清貴・小野正芳（2022）『スタートアップ会計学（第 3 版）』同文舘出版
国税庁ホームページ（www.nta.go.jp）
日本公認会計士協会ホームページ（www.jicpa.or.jp）
日本商工会議所・各地商工会議所ホームページ（www.kentei.ne.jp）
日本税理士連合会ホームページ（www.nichizeiren.or.jp）
公認会計士・監査審査会ホームページ（www.fsa.go.jp/cpaaob）

索 引

さ

著者紹介 （執筆順）

岡田慎太郎（おかだ・しんたろう）〔担当／第1、2、5、6、14章〕
　千葉経済大学経済学部教授
　専門：財務会計、会計情報

五十川　陽（いそかわ・よう）〔担当／第3、4、7、8、9章〕
　千葉経済大学経済学部准教授
　専門：会計学、財務会計

大島　一輝（おおしま・かずき）〔担当／第10章〕
　千葉経済大学経済学部専任講師
　専門：商法、会社法

山浦　裕幸（やまうら・ひろゆき）〔担当／第11、12、13章〕
　千葉経済大学経済学部教授
　専門：管理会計、原価計算

2024年2月25日　初版発行　　　　　　　　略称：ここから企業会計

ここからはじめる企業会計

著　者	©	岡　田　慎　太　郎
		五　十　川　　　陽
		大　島　一　輝
		山　浦　裕　幸
発行者		中　島　豊　彦

発行所　**同文舘出版株式会社**
東京都千代田区神田神保町 1-41　〒101-0051
電話 営業(03)3294-1801　編集(03)3294-1803
振替 00100-8-42935
https://www.dobunkan.co.jp

Printed in Japan 2024　　　　　　　　　製版・印刷・製本：藤原印刷
　　　　　　　　　　　　　　　　　　　　装丁：オセロ

ISBN978-4-495-21061-8